P. Georg Scharf OMI

Fatima aktuell

Botschaft und Boten

Theodor Schmitz Verlag 4400 Münster

Mainz, den 25. Juni 1992.
Wir erteilen hiermit dem Buch »Fatima aktuell« in der vierten Auflage das kirchliche »imprimi potest«.
P. Heinz Theo Stens OMI
Provinzial

Herausgeber:
ORATE Marianischer Arbeitskreis
zur Förderung
gebetspädagogischer Publizistik e. V.
Postfach 63 44
4400 Münster

4. verbesserte und aktualisierte Auflage 1992
Theodor Schmitz Verlag, Postfach 72 45, 4400 Münster

Umschlaggestaltung Br. Günter Krause OMI
und Frau Lucia Woelz
Photos: P. Luis Kondor, Hansjosef Theyssen,
P. Heinz Döing OMI,
Frau Dr. Adolfine Treiber, Br. Friedhelm Theisen OMI,
Horst und Ursula Müller, Archiv.
Gesamtherstellung Clausen & Bosse, Leck
Gesetzt aus der Garamond
Printed in Germany
ISBN 3-922054-21-8
Anschrift des Verfassers:
Pater Georg Scharf OMI, Oblatenkloster Mariengarden,
4280 Borken-Burlo

Meinem verstorbenen Vater

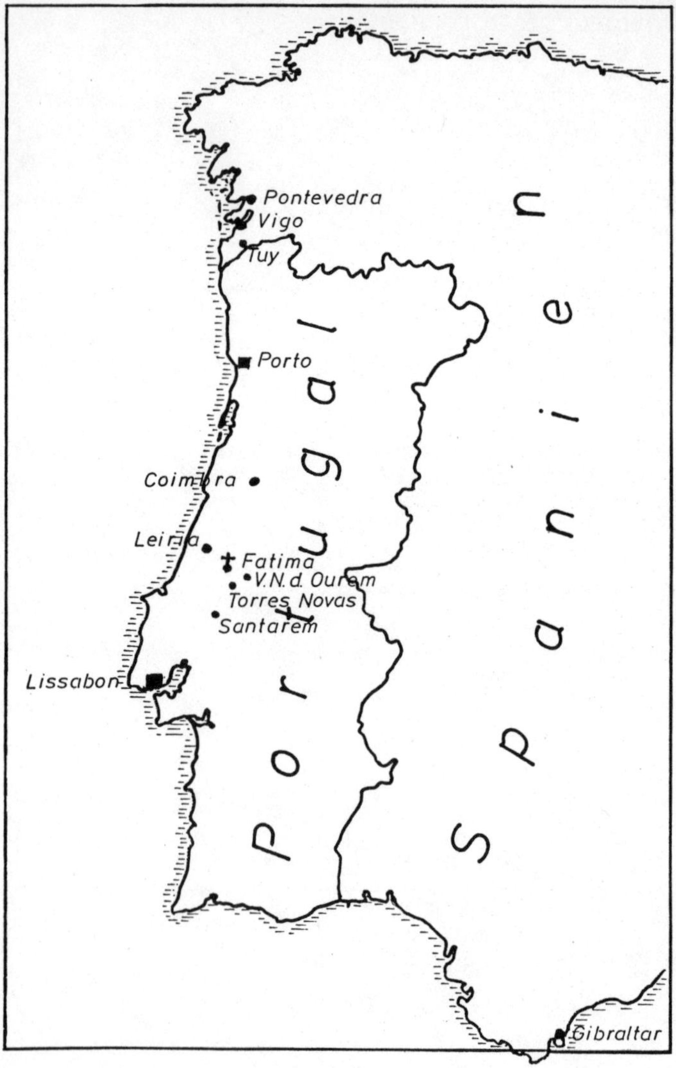
Pontevedra
Vigo
Tuy
Porto
Coimbra
Leiria
Fatima
V.N.d. Ourem
Torres Novas
Santarem
Lissabon
Gibraltar
Portugal
Spanien

INHALTSVERZEICHNIS

ERSTER TEIL 9

Ein Wort zuvor 10

1917 – Weltweite Entscheidungen bahnen sich an 13

ZWEITER TEIL
DIE SEHER VOR DEN ERSCHEINUNGEN 15

Botschaft und Boten 16

Jacinta Marto 18

Francisco Marto 21

Verzerrte Heiligendarstellungen einst und heute 24

Lucia und Familie Santos 27

Ein außergewöhnliches Kind 32

»Hütet euch, eure Frömmigkeit zur Schau zu stellen« 40

Freut euch des Lebens! 43

DRITTER TEIL
DER VORBOTE DER GOTTESMUTTER 45

Eine geheimnisvolle Gestalt 46

Zwei Neue in der Hirtenlandschaft 49

Ein aufregender Besuch 51

Erstes Anliegen Fatimas 53

Am Brunnen der Familie Santos 55

Kelch und Hostie 57

VIERTER TEIL

DIE ERSCHEINUNGEN DER GOTTESMUTTER 63
Zur ersten Erscheinung der Gottesmutter 64
13. Mai 1917 – Moskau · Rom · Fatima 64
13. Mai 1917 – Die hoheitsvolle Frau 65
Bis zum Ende der Welt? 70
Jacinta plaudert aus 73
Zeit des Reifens 78
Zur zweiten Erscheinung der Gottesmutter 80
12. Juni 1917 – Vortag des Antoniusfestes 80
13. Juni 1917 – Erste Zeichen der Echtheit 82
Vorspiegelungen des Teufels? 86
Zur dritten Erscheinung der Gottesmutter 93
13. Juli 1917 – Eine ernste Botschaft 93
Kleine Heroen 102
Tröstet euren Gott! 110
Die Torheit des Kreuzes 114
»Und der Drache ging hin, gegen ihre Kinder Krieg zu führen!« 117
Zur vierten Erscheinung der Gottesmutter 122
13. August 1917 – Ein sonderbarer Pilger 122
Die ungeschaute Erscheinung 124
Im Gefängnis 126
19. August 1917 – Ein unerwarteter Besuch 133
Frohbotschaft oder Drohbotschaft? 135
Zur fünften Erscheinung der Gottesmutter 142
13. September 1917 – Der Aufbruch Portugals 142
Zeichen und Wunder 147
Widrige und wichtige Befragungen 149
Neue Leiden 152

Zur sechsten und letzten Erscheinung der Gottesmutter in Fatima 156
Gespannte Atmosphäre 156
Trotz Regen und Wind 158
13. Oktober 1917 – Die letzte Botschaft von Fatima 160
Das große Zeichen am Himmel 161
Nach dem Sonnenwunder 164
Die Privatoffenbarung 166

FÜNFTER TEIL
DIE SEHER NACH DEN ERSCHEINUNGEN 173
Kinder wie alle anderen? 174
Eine Krankheit wütet 182
Franciscos Krankheit und Tod 182
Jacintas Krankheit und Tod 188
Lucia – »Du mußt noch bleiben ...!« 198

SECHSTER TEIL 207
Portugal vor und nach den Erscheinungen 208
»Und es wird Friede sein, wenn ...« 223
Zur Rechten des Thrones ihres Sohnes 233
Durch Maria zu Christus – Ein Wallfahrtstag in Fatima 237

SIEBENTER TEIL
ANHANG 243
Bildfolge 244
Adressen der im »Fatima-Arbeitskreis« zusammengeschlossenen Gemeinschaften 250
Literaturnachweis 251
Anmerkungen 252
Buchempfehlungen 255

BILDVERZEICHNIS

Lucia und Johannes Paul II. 12
Pfarrkirche von Fatima 17
Zimmer Franciscos 20
Pfarrhaus von Fatima 25
Haus der Familie Santos 26
Geschwister Lucias 37
Jacinta, Lucia und Francisco 38
Brunnen im Garten der Familie Santos 39
Basilika von Fatima bei nächtlicher Beleuchtung 42
Cabeço, Berg der ersten und dritten Engelerscheinung 50
Basilika von Fatima 196
Fatima 197
Bischof Dr. Rudolf Graber 243
Fatima-Madonna 244
Krone der Fatima-Madonna 245
Valinhos-Kapelle 246
Pressephoto vom 13.10.1917 246
Erste Erscheinungskapelle 247
Jacinta und Francisco 248
Die Eltern Franciscos und Jacintas 249

ERSTER TEIL

Ein Wort zuvor

Wer sich über Fatima informieren möchte, findet eine reiche, vielfältige Literatur vor. Insbesondere ist Professor Dr. L. Gonzaga da Fonseca den Ereignissen von Fatima und dem Leben der drei Seher, Lucia, Francisco und Jacinta, mit wissenschaftlicher Exaktheit nachgegangen.

Er konnte sich dabei auf ein reiches, zuverlässiges Quellenmaterial stützen: auf viele Befragungsprotokolle von Priestern und Schriftstellern, insbesondere auf die des Theologieprofessors M. Nunes Formigâo, von dem noch genauer berichtet wird; auf die Berichte des damaligen Pfarrers von Fatima, verfaßt jeweils am Tage nach den einzelnen Erscheinungen unter Angabe der Zeugen; auf das Protokoll des derzeitigen Dekans von Porto des Mòs mit dem Verhör vom 25. Oktober 1917, das die Aussagen von 16 Zeugen enthält; auf die Berichterstattungen der damaligen portugiesischen Tagespresse über das Sonnenwunder; auf die Prozeßprotokolle der kirchlichen Prüfungskommission, die dreizehn Jahre gründlich arbeitete, ehe sie ihr abschließendes positives Urteil fällte; auf die Befragungsprotokolle des Schriftstellers P. Jongen S. M. M. (Montfortaner); auf Briefe Lucias und auf ihre Erinnerungen, die etwa den Umfang dieses Buches haben.

Damit auch die geringste Ungenauigkeit ausgemerzt würde, ließ Fonseca sein Buch schließlich (vor der Herausgabe der 11. Auflage) von der noch lebenden Seherin Lucia prüfen. Es waren nur Belanglosigkeiten zu berichtigen.

So ist unser Wissen über Fatima sehr umfassend und außerordentlich zuverlässig. In der deutschen

Sprache erschien das Buch Fonsecas unter dem Titel »Maria spricht zu Welt«.

Die schon erwähnten Erinnerungen Lucias hat Pater Luis Kondor SVD, der Vice-Postulator des Seligsprechungsprozesses von Jacinta und Francisco, ins Deutsche übersetzt und in der Schrift »Schwester Lucia spricht über Fatima« veröffentlicht. Diese Berichte wurden von Lucia eigentlich nicht zur Publikation, sondern für die Hand ihres Bischofs, im Gehorsam gegen ihn, niedergeschrieben – in Eile, zwischen den Hausarbeiten und Gebetsübungen ihres Ordenslebens, schlicht und sachlich, aber gerade dadurch so wertvoll, auch literarisch. In ihrer »biblischen« Schlichtheit und in ihrer ungekünstelten Ursprünglichkeit sprechen sie sehr eindrucksvoll zu uns. An entscheidenden Stellen werden sie darum auch in »Fatima aktuell« bewußt wörtlich wiedergegeben. Im übrigen ist der Literaturnachweis, insbesonders auch für geschichtliche Ausführungen, im Anhang erbracht.

Das Anliegen dieses Buches ist es, im Rahmen einer gesamtbiographischen Darstellung der Ereignisse, der Botschaft und der Boten Fatimas herauszustellen, was Gott unserer Zeit und unserer Kirche von heute durch Fatima sagen will.

Fonseca bringt eine ganze Reihe ausführlicher Befragungsprotokolle und viele Augenzeugenberichte. Auf die Wiedergabe von Protokollen soll hier ganz verzichtet werden. Augenzeugenberichte sind zum Teil – im Interesse eines klareren Bildes – zu einer Gesamtschilderung verarbeitet.

Meditative Stellen oder Artikel werden in einer anderen Schriftart (kursiv) gebracht.

Nun sei noch ein Wort herzlichen Dankes all denen gesagt, die beim Werden dieses Buches mitgeholfen haben: P. Josef Schulte OMI, Frau Elisabeth Zimmermann, Herrn Kaplan Anacleto Oliveira aus der Diözese Leiria/Fatima und Pater Heinrich Döing OMI für ihre Hilfen und Ratschläge; Pater Luis Kondor SVD für Informationen aus Fatima; P. Alfons Keuter OMI, dem Verlagsleiter, und P. Jürgen Jagelki OMI, dem Schriftleiter des »Weinberg«, für ihre wohlwollende Unterstützung; Frau Hildegard Blanke und Br. Willi Dickmann OMI für das Schreiben des Manuskriptes; Fräulein Hildegard Schmeinck und Frau Hedwig Lütkenhaus für die Anfertigung der Kartenskizze von Portugal; und Herrn Theodor Schmitz, dem Verleger, für seine Hilfen und die Veröffentlichung dieses Buches.

Lucia und Johannes Paul II.

1917 – Weltweite Entscheidungen bahnen sich an

Es war im schicksalsträchtigen Jahr 1917. Immer noch wütet der Krieg. Portugal ist seit einem Jahr in das blutige Ringen hineingezogen. Und nun greifen auch noch die USA in den Krieg ein und machen damit ihren ersten Schritt zur heute bedeutendsten militärischen Macht des Westens. Es war am 6. April 1917.

Zwei Tage danach, am 8. April 1917, wird Lenin mit 32 Genossen durch die deutsche Heeresleitung von Zürich nach Rußland geschleust. Am 13. April kommt er in Trelleborg (Schweden) an, und im Oktober bricht die Revolution in Rußland aus, die dort den Kommunismus zum Siege führt. Damit ist auch für die Sowjets der erste Schritt zur heutigen Weltmachtstellung getan.

Vom 13. Mai 1917 bis zum 13. Oktober greift – von der Welt kaum beachtet – eine weitere, ganz andere, Macht sichtbar in die Geschicke der Menschheit ein. Maria erscheint unter Zeichen, die einmalig in der Kirchengeschichte sind, sechsmal in Fatima. Sie verheißt das Ende des 1. Weltkrieges, ruft auf zum Rosenkranzgebet, zum Gebet um den Frieden, und vor allem ruft sie zur Umkehr. Was von ihr sonst noch gesagt wird, bleibt vorerst Geheimnis der Seher.

Vertrauensvoll richteten viele Gläubige Portugals ihren Blick nach Fatima, zur Königin des Friedens.

In der übrigen Welt gehen die Ereignisse unter in den blutigen Materialschlachten, den mörderischen Schützengrabengefechten und den Großoffensiven des vorletzten Kriegsjahres.

Marienerscheinungen – etwas scheinbar zu Belangloses in diesem gewaltigen, dramatischen Ringen der Völker! Fatima wird und bleibt vorerst nur ein nationaler Wallfahrtsort Portugals.

Erst später, besonders im zweiten Weltkrieg, und mehr noch danach treten die Erscheinungen des Jahres 1917 ins volle Rampenlicht der Geschichte.

Der zweite Weltkrieg hatte viele Menschen aufgerüttelt und für die Botschaft von Fatima, von der noch die Rede sein wird, aufnahmebereit gemacht. Zeitweise schien es so, als ob sich die Welt anschicken wollte, auf sie zu hören. Doch diese Bereitschaft schwand nach und nach dahin.

Mit dem Attentat auf Papst Johannes Paul II. kam Fatima wieder neu, für kurze Zeit, ins Gespräch. Das Attentat wurde bekanntlich am 13. Mai 1981, an einem Jahrestag der ersten Marienerscheinung von Fatima, verübt – genau zur Stunde, in der die Gottesmutter erschienen war. Bald wurde es wieder still um Fatima.

In der Nacht zum 19. August 1991, einem Jahrestag der vierten dortigen Marienerscheinung, begann in Rußland der Putsch der Stalinisten. Am Vorabend des Festes Maria Königin (22. August) erhält die Weltöffentlichkeit die befreiende Nachricht von der Niederschlagung des Putsches. Sie war Jelzin gelungen mit Hilfe eines Senders, den ihm die Ostpriesterhilfe, dank wunderbarer göttlicher Fügung, zur Verfügung stellen konnte.

Aus Dankbarkeit ließ Jelzin am darauffolgenden 13. Oktober von 150 Fernseh- und 350 Radiostationen eine Sendung über Fatima ausstrahlen. Sie fand ein solches Echo, daß sie am 7. November, dem Jahrestag der sowjetischen Oktoberrevolution, wiederholt wurde.

Unsere Presse, auch die kirchliche, schwieg dazu. Trotz ihres Schweigens bleibt Fatima aktuell.

ZWEITER TEIL

DIE SEHER VOR DEN ERSCHEINUNGEN

Botschaft und Boten

Die Botschaft von Fatima ist aufs engste verbunden und verwoben mit dem Leben ihrer ersten Boten. Sie wurde uns von ihnen nicht unpersönlich übermittelt – wie etwa ein Brief durch den Postboten. Bevor sie in ihrer ganzen Tiefe und Weite an die Öffentlichkeit gelangte, hat sie sich des Lebens der drei Seher, Lucia, Francisco und Jacinta, bemächtigt, hat es umgestaltet und immer tiefer und feiner geprägt. So wurde der Fatimabotschaft, mehr als durch alles andere, durch das Leben der drei Seher der Stempel der Echtheit aufgedrückt, das Siegel Gottes aufgeprägt. Darum wird uns das Bild der drei kleinen Seher durch diese Schrift begleiten.

Wer, was und wie waren sie, als Maria ihnen sichtbar begegnete? Sie waren Kinder im Alter von 7 bis 10 Jahren, echte, frohe, naturverbundene kleine Hirten mit südländischem Temperament. Sie waren fromme, religiöse Kinder, irgendwie schon von der Gnade Gottes in besonderer Weise getroffen – das eine mehr, das andere weniger. Aber perfekte Heilige waren sie noch nicht.

Francisco hielt, wie viele Jungen, nicht allzu große Stücke vom Rosenkranz, und die beiden Mädchen versuchten, wenn auch nicht immer, so doch oft, schnell damit fertig zu werden. »Wir tanzten sehr gerne«, schreibt Lucia, »und jedes Instrument, das wir die anderen Hirten spielen hörten, reichte aus, uns zum Tanz zu bringen. Obwohl Jacinta klein war (5 Jahre), hatte sie darin ein besonderes Geschick. Man hatte uns empfohlen, nach dem Vesperbrot den Rosenkranz zu beten, aber weil uns die Zeit zum Spielen zu kurz vorkam, hatten wir eine gute Art herausgefunden, schnell fertig zu werden: Wir ließen die Perlen gleiten und sagten dabei nur: ›Ave Maria, Ave Maria, Ave Maria!‹ Wenn wir am Ende des Geheimnisses angekommen waren, sagten wir mit großer Pause die einfachen Worte: ›Vater unser‹. Und so hatten wir im Nu unseren Rosenkranz gebetet.« [1]

Nun das Lebensbild der einzelnen Seher vor den Erscheinungen!

Pfarrkirche von Fatima

Jacinta Marto

Jacinta, mit Familiennamen Marto, wurde am 11. März 1910 geboren, und zwar in Aljustrel, einem der 40 kleinen Weiler der Landgemeinde Fatima, die insgesamt etwa 2500 Einwohner zählte. Verträumt lagen sie da, diese Dörfchen, 22 km von der nächsten Bahnstation entfernt, abgeschnitten von der Außenwelt, nur durch Wege und wenige kümmerliche Straßen mit ihr verbunden.

Jacinta war das neunte und letzte Kind ihres Vaters Manuel Pietro Marto und das elfte und letzte Kind ihrer Mutter Olimpia von Jesus, deren erster Mann 1895 gestorben war.

Die Eltern waren für dortige damalige Verhältnisse gutgestellte Kleinbauern, tiefreligiös und im ganzen Dorf geachtet. Der Vater galt als der ehrlichste Mann Aljustrels. Keiner traute ihm auch nur die geringste Lüge zu. Die Mutter legte großen Wert auf eine religiöse Erziehung und auf guten Umgang ihrer Kinder. Sie hatte das Glück, in ihrer Nichte Lucia – sie wohnte mit ihren Eltern ebenso in Aljustrel, etwa 100 m entfernt – eine vortreffliche Spielgefährtin für Jacinta zu haben. Und es war ohne Zweifel Gottes liebevolle Fügung, daß sich die kleine Jacinta zu ihrer drei Jahre älteren Cousine außerordentlich hingezogen fühlte.

Umgekehrt war diese Zuneigung anfangs nicht so gegeben. »Im Gegenteil«, schreibt Lucia, »ihre Anwesenheit war für mich ab und zu ziemlich unangenehm wegen ihres allzu zimperlichen Wesens. Der kleinste Streit, wie er bei spielenden Kindern vorkommt, reichte aus, daß sie sich eingeschnappt in den Schmollwinkel stellte. Um sie wieder zum Mitspielen zu bewegen, reichten die zärtlichsten Worte nicht aus ...

Ihre Lieblingsspiele waren das Steine- oder Knopfspiel ... Bei letzterem Spiel sah ich mich nicht wenige Male großen Bedrängnissen ausgesetzt; denn, wenn ich zum Essen gerufen wurde, hatte ich keine Knöpfe an meinem Kleid. Gewöhnlich gewann sie alle ... Man mußte die Knöpfe alle schnell wieder annähen; aber wie sollte ich erreichen, daß sie sie mir wiedergab? War sie doch nicht nur leicht beleidigt, sie hatte auch den Fehler, geizig zu sein. Sie wollte sie bis zum nächsten Spiel aufheben, um nicht ihre eigenen abreißen zu müssen. Nur, da ich drohte, nicht mehr mit ihr spielen zu wollen, bekam ich sie zurück.«[2]

Diese Charakterschwächen fanden jedoch einen Ausgleich durch ihr »sehr gutes Herz« und ihren »sanften und zutraulichen Charakter«, der sie trotz allem »liebenswürdig und anziehend machte«.

Es war wohl auch ihr gutes Herz, das die Liebe zum Gekreuzigten in ihr aufkeimen ließ. Bei einem Spiel gab Lucia Jacinta den Befehl, Francisco, ihren Bruder, zu umarmen und zu küssen. »Das nicht«, protestierte Jacinta, »warum befiehlst du mir nicht, den Heiland zu küssen, der dort ist?« (Es hing vor ihnen ein Kreuz an der Wand.)

»Gut, ja, steige auf einen Stuhl, bringe das Kreuz hierher, umarme es knieend dreimal und gib ihm drei Küsse; einen für Francisco, einen für mich und einen für dich!«

»Unserem Heiland gebe ich soviele, wie du nur willst.«

Und sie lief, das Kreuz zu holen, küßte und umarmte es mit soviel Hingabe, daß Lucia diese Szene nie mehr vergessen konnte. Dann schaute sie das Kreuz an und fragte: »Warum ist unser Herr so an ein Kreuz festgenagelt?«

»Weil er für uns starb.«

»Erzähle mir, wie es war!«

Als Jacinta dann vom Leiden unseres Herrn hörte, lauschte sie tief ergriffen, begann zu weinen und beteuerte: »Ich werde nie eine Sünde begehen, denn ich möchte nicht, daß unser Heiland noch mehr leidet.« Und immer wieder bat sie Lucia: »Erzähle mir die Geschichte vom Heiland!«

Zimmer Franciscos

Francisco Marto

Francisco Marto erblickte am 11. Juni 1908 das Licht der Welt. Er war also genau 1¼ Jahre älter als Jacinta, seine Schwester. Sein ihm nachfolgendes Schwesterchen, Therese, war bereits gestorben, als Jacinta zur Welt kam. So waren also Francisco und Jacinta die beiden jüngsten Kinder der Familie Pietro Marto.

Francisco war völlig anders als seine Schwester Jacinta, und zwar sowohl in seinen Gesichts- wie auch in seinen Charakterzügen. Jacinta, eigensinnig und lebhaft, er das ganze Gegenteil: ruhig, friedlich, nachgiebig! Wenn ihm beim Spiel jemand den ehrlich errungenen Sieg strittig machte, sagte er nur: »Meinst du, du hättest gewonnen? Na schön! Mir liegt nichts daran.«

Eines Tages bekam er von Touristen ein schönes Taschentuch mit dem Bild Unserer Lieben Frau von Nazaré geschenkt. Stolz zeigte er es Lucia, und dann ging es von Hand zu Hand durch eine ganze Kinderschar. Plötzlich war es verschwunden. Nach langem Suchen entdeckte es die couragierte Lucia in der Tasche eines anderen Jungen. Sie wollte es ihm wegnehmen, doch der kleine Dieb behauptete frech, er habe es auch am Strand von Touristen bekommen. Schließlich machte Francisco dem Streit ein Ende: »Laß es ihm doch! Was liegt mir schon an dem Tuch!« Ähnlich gelassen reagierte er immer, wenn man ihm etwas nahm.

Lucia meint, wäre Francisco »groß« geworden, wäre es sein Hauptfehler gewesen, sich niemals aufzuregen. Es mag so sein! Des Menschen Stärke ist oft auch seine Schwäche.

Auch fürs Tanzen zeigte Francisco im Gegensatz zu Jacinta keine besondere Leidenschaft. Lieber nahm er seine Querflöte und spielte den anderen zum Tanz.

So geschickt, wie er sich beim Flötenspiel zeigte, so ungeschickt stellte er sich bei sonstigen Spielen an. Fast immer verlor er, und deswegen spielte niemand mit ihm besonders gern. Vor allem der temperamentvollen Lucia ging er mit seiner Ungeschicklichkeit und Ruhe oft auf die Nerven. Dann packte sie ihn am Arm, zwang ihn, sich auf einen Stein oder auf den Boden zu setzen, verlangte gebieterisch, still zu sein, zu folgen und sich aus dem Spiel herauszuhalten. Widerspruchslos, ohne den Beleidigten zu spielen, schaute Francisco nun zu, bis sich schließlich Lucias Gewissen und gutes Herz wieder regten, sie ihn an die Hand nahm und ins Spiel zurückholte. Seelenruhig, als wäre nichts geschehen, machte er wieder mit. – Ganz anders als Jacinta!

Aber trotz seiner Andersartigkeit, oder vielleicht gerade, weil Gegensätze sich anziehen, war er in Liebe seinem jüngsten Schwesterchen zugetan und setzte sich selbstlos für ihre Interessen ein. Er scheint auch kaum etwas ohne sie unternommen zu haben.

Francisco wäre kein guter Hirtenjunge gewesen, hätte er nicht auch die Natur geliebt. Er liebte die Sterne, die »Lämpchen der Engel«, wie die drei sie nannten. Er konnte sie, wie Jacinta und Lucia, mit Begeisterung zählen. Er liebte den Mond, »die Lampe Unserer Lieben Frau«, Jacintas Lieblingsgestirn. Nichts jedoch konnte ihn so entzücken wie die Sonne mit ihrem farbenprächtigen Auf- und Untergang. Abends, solange noch ein einziger Sonnenstrahl zu sehen war, schaute er gebannt »der Lampe Unseres Herrn« nach.

Noch ein Charakterzug Franciscos sei erwähnt. Er muß ihn wohl von seinem großen Namenspatron, Franz von Assisi, »geerbt« haben. Francisco liebte die Vögel. Für sie opferte er stets einen Teil seines Vesperbrotes. Er zerbröckelte es, streute die Krümel auf den Felsen, entfernte sich und rief: »Ihr armen Dinger! Ihr habt solchen Hunger! Kommt, kommt, hier gibt's was zu picken!«

Wenn er seine Vögel fütterte, durfte sich keiner nähern, und schon gar nicht konnte er es ertragen, daß man ihnen die Nester ausnahm. Als die drei einmal – es war wohl nach den Erscheinungen – einen kleinen Jungen trafen, der ein Vögelchen gefangen in seiner Hand hielt, versprach ihm Francisco 20 Pfg, das war damals viel Geld für einen Jungen, wenn der kleine Vogelfänger seine Beute fliegen ließe. Als der Vogel dann in seine Freiheit zurückkonnte, klatschte Francisco voll Freude in seine Hände und rief seinem kleinen Liebling mahnend nach: »Paß gut auf, laß dich nicht mehr fangen!« – Francisco war also, wie wir sehen, ein gutes, liebes Kerlchen. Lügen und – aufs Ganze gesehen – auch Ungehorsam waren ihm, wie den beiden anderen, fremd.

Ein Heiliger jedoch war er, vor den Erscheinungen, noch nicht. Einmal stahl er sich von seinem Vater einen halben Franken, um sich eine Mundharmonika zu kaufen, und als die Buben von Aljustrel Steine nach den Jungen eines anderen Dorfes warfen, machte er mit.

Verzerrte Heiligendarstellungen einst und heute

Nach manchen früheren Vorstellungen und Erzählungen waren die Heiligen schon »von den Windeln an« tugendhafte, vorbildliche Menschen, ohne Fehl und Makel, engelhafte Wesen, die nicht den Kampf gegen das Böse in der eigenen Brust zu führen brauchten.

Solche Heiligenbeschreibungen entsprechen nicht der Wirklichkeit und helfen uns wenig weiter. Wir brauchen lebensnahe Vorbilder. Wir brauchen als Leitbilder – nach Christus und Maria – Menschen in sittlicher Bedrängnis, Menschen, die in ständigem Zweikampf mit dem Bösen standen, Menschen, die ringen mußten, und wir brauchen wohl auch als Vorbilder Menschen, die im Kampf unterlagen, dann aber doch gesiegt haben.

In der Suche nach lebensnahen Leitbildern lassen wir uns heute allerdings gern zu einer Gleichmacherei verleiten, die genausowenig der Wirklichkeit gerecht wird wie die idealisierende Heiligenbeschreibung.

Der Weg der einzelnen Heiligen zu Gott verlief verschieden. Einige sind aus den tiefsten Abgründen menschlicher Schuld zu Gott emporgestiegen, andere lebten zuerst auf der Ebene menschlicher Mittelmäßigkeit, und einige bewegten sich schon von früher Kindheit an in Höhen, die vom durchschnittlich guten Christen nie erreicht werden; so z. B. die »Kleine« heilige Theresia, die von sich sagt, sie habe schon von ihrem dritten Lebensjahr an Gott nie ein Opfer versagt.

So falsch eine idealisierende Heiligendarstellung ist, so falsch ist auch die heute vielfach übliche nivellierende Gleichmacherei, die alle Heiligen zunächst auf unser Niveau herabziehen möchte und wenig die überragende Größe dieser Menschen aufzeigt. Die Verzerrung des Bildnisses der Heiligen nach links ist genauso falsch wie die nach rechts.

Jacinta und Francisco waren Kinder mit Schwächen und Fehlern, ganz und gar noch keine Heiligen, aber irgendwie waren sie bereits vor den Erscheinungen in besonderer Weise von der Gnade Gottes getroffen. Noch mehr werden wir an Lucia sehen, daß Gott ihr schon früh außergewöhnliche Gnaden schenkte.

Pfarrhaus von Fatima

Haus der Familie Santos

Lucia und Familie Santos

Lucia, mit Familiennamen dos Santos, kam am 22. März 1907 zur Welt.

Sie war das sechste und das letzte Kind ihrer Eltern António und Maria Rosa dos Santos, ebenfalls ursprünglich gutgestellter Kleinbauern. Vier Schwestern und einen Bruder hatte Lucia – alle bedeutend älter als sie. Frau Santos war die Schwester von Herrn Marto, dem Vater Franciscos und Jacintas.

Vater António dos Santos war ein rechtschaffener und auch einigermaßen religiöser Mann. Völlig zu Recht trug er seinen frommen Namen »Santos« (von den Heiligen) jedoch nicht. Man sagt ihm sogar nach, er sei lange Zeit sonntags nicht zur Messe gegangen, doch ist das unzutreffend. Er verstand sich nur nicht mit seinem Pfarrer und ging deswegen anderwärts zum Sonntagsgottesdienst. Zutreffend jedoch ist, daß Herr Santos zeitweilig etwas alkoholabhängig war. »Mein Vater hatte sich«, so schreibt Lucia, »durch schlechte Gesellschaft hinreißen lassen und hatte sich in die Bande einer traurigen Leidenschaft verstrickt, wodurch wir schon einige Grundstücke verloren hatten.«[3]

Das war gerade zur Zeit der Erscheinungen. Nach langem glücklichen Ehe- und Familienleben zogen dadurch Not und Tränen ins Elternhaus Lucias ein. Zum Glück konnte Antonio dos Santos sich nach einiger Zeit wieder von den Fesseln seiner Leidenschaft lösen.

Mutter Rosa dos Santos war in gar mancher Beziehung aus anderem Holz geschnitzt als ihr Mann. Er lebte in Streit mit dem Pastor; für sie dagegen war alles Befehl, was der Pfarrer sagte. Ihr Mann war in seinem Urteil besonnener. Sie konnte unter Umständen fanatisch reagieren. Er vernachlässigte zeitweilig Hof und Familie. Sie sorgte vorbildlich für alles und jeden und nahm sich dazu noch viel Zeit für die Kranken des Dorfes. Leichtere Fälle behandelte nicht der Arzt, sondern sie – natürlich kostenlos. Tage und Nächte verbrachte sie entweder selbst in den Häusern der Kranken oder schickte ihre Töchter zur Hilfe. War eine Familienmutter mit kleineren Kindern erkrankt, brachte Frau Santos die »kleinen Krachmacher« fürsorglich zu sich nach Haus. Auf Lucia fiel dann die Aufgabe, mit ihnen zu spielen und sie zu unterhalten. Und das Bedeutsamste: bei aller Arbeit verstand es Frau Maria Rosa, eine Atmosphäre des Frohsinns und der Heiterkeit in ihrer Familie zu schaffen.

Nach dem Abendessen und anschließendem Abendgebet fing bei dos Santos die gemeinsame »Heimarbeit« an. Jeder hatte seine Aufgabe: »Meine Schwester Maria«, berichtet Lucia, »ging zum Webstuhl, mein Vater füllte ihr die Spulen; Teresa und Gloria nähten. Meine Mutter spann; Carolina und ich räumten die Küche auf ... und mein Bruder spielte Ziehharmonika, um uns den Schlaf zu vertreiben. Dazu sangen wir verschiedene Lieder, und nicht selten kamen die Nachbarn.« [4] Sie fühlten sich wohl in dieser fröhlich-fleißigen Runde.

Kein Wunder, daß Frau Santos im ganzen Dorf etwas galt. Sie war liebenswürdig, hilfsbereit und strahlte zugleich Autorität aus. Ihre Aussprüche galten wie Bibelworte. Keiner wagte vor ihr ein respektloses Wort. »Klatsch und Tratsch« gab es in ihrer Gegenwart nicht.

»Ich weiß nicht, was für eine Freude diese Leute daran haben können, über die Angelegenheiten anderer zu reden. Für mich gibt es nichts, was an eine ruhige Lektüre zu Hause heranreichen könnte. (Auch zum Lesen fand die tüchtige Frau noch Zeit.) Diese Bücher bringen so viel Schönes; und die Leben der Heiligen, wie wunderschön sind sie doch«,[5] – Worte, die Lucia öfters aus dem Munde ihrer klugen, guten Mutter hörte.

Die Liebe von Frau Maria Rosa zur Heiligenliteratur wirkt um so anziehender, als die Familie Santos an Volksfesten beim Tanzen wie beim Kochen immer »oben an« war. Sogar die kleine Lucia durfte schon als kleines Kind mit zum Tanz. Angezogen wie eine Puppe – eine ihrer Schwestern war Schneiderin – saß sie auf einer Truhe oder einem anderen höheren Gegenstand. Dort mußte sie zum Klang der Gitarre oder des Akkordeons Tanzlieder singen und, wenn ein Partner fehlte, mittanzen. Das tat das kleine Fräulein mit soviel Geschick und Grazie, daß sie immer Aufmerksamkeit fand und Beifall erntete.

Ein jähes Ende erfuhren diese harmlosen Volksfeste, als Pfarrer Manuel Marques Ferreira nach seiner Amtseinführung einen »Kreuzzug« gegen den öffentlichen Tanz begann und Frau Santos sich sofort hinter ihren Pastor stellte.

Sonntagnachmittag versammelte sich die ganze Dorfjugend von Aljustrel im Hofe der Familie Santos zu Spiel und Unterhaltung: im Sommer unter dem Schatten von drei Feigenbäumen, im Winter in einer Scheune.

Von ausschlaggebender Bedeutung für die religiöse Entwicklung der kleinen Lucia war eine vortreffliche Gepflogenheit der Mutter Maria Rosa. Es mag uns gewundert haben, daß Lucia – damals noch nicht acht Jahre alt – so eindrucksvoll der kleinen Jacinta über das Leiden Jesu zu erzählen verstand. Die Fähigkeit dazu war ihr angeboren; das Wissen hatte sie von ihrer Mutter.

Jeden Tag, im Sommer nach dem Mittagessen, im Winter nach dem Abendbrot, hielt Frau Santos Religionsunterricht für ihre und alle Kinder, die sich gerade zum Spiel zusammenfanden. So konnte Lucia infolge ihres ausgezeichneten Gedächtnisses schon mit sechs Jahren den Katechismus besser als manches ältere Kind. Nach all dem Gesagten wird es uns nicht wundern, daß der Pfarrer später einmal – leider mit einem Seitenhieb auf Lucia – vor anderen Priestern bemerkte: »Die Mutter! Die Mutter ist eine Heilige!«

Eine überdurchschnittliche Frau war Frau Maria Rosa dos Santos gewiß, eine Heilige aber zumindest noch nicht. Sie hatte nämlich eine Tugend, die sie so überzog, daß sie fanatische Züge annahm. Und Fanatismus führt fast immer zu Unrecht.

Der Fanatiker setzt sich zwar genauso wie der Heilige bedingungslos für höhere Werte ein. Was ihn aber vom Heiligen unterscheidet, ist u. a., daß er für ganz bestimmte Werte auf Kosten anderer kämpft. Er kämpft für Wahrheit und verletzt dabei die Liebe. Er setzt sich leidenschaftlich ein für das Recht der einen und verletzt dabei brutal das der anderen. Er kämpft für sein Volk mit heroischer Todesverachtung und macht sich zugleich zum Kumpan von Völkermördern.

So erwächst aus Fanatismus unsagbares Unheil: Rassenfanatismus (Nationalsozialismus), Klassenfanatismus (Kommunismus), Glaubensfanatismus (Khomeini), Interessen- und Gruppenfanatismus (all die vielen kleinen oder größeren Terrororganisationen). Auch in vielen Familien herrscht Unfriede, weil man Werte des Glaubens und der Moral, Ordnung und Disziplin, politische und andere Ideale unter Mißachtung des höchsten Wertes, der Liebe, durchsetzen möchte.

Wir leben in einer Zeit voller Gegensätze: einerseits

krasser Fanatismus, andererseits echtes Streben nach Toleranz – wie selten oder noch nie in der Geistesgeschichte. Die heute so notwendige Erziehung zum Frieden muß folgendes Doppelziel haben: Ächtung des Fanatismus, Erziehung zu verantwortungsbewußter Toleranz.

Die Tugend, die bei Frau Santos, im Gegensatz zur gleichen Tugend ihres Bruders, Herrn Marto, fanatische Züge trug, war die Wahrhaftigkeit. Daß sie ihre Kinder die Lüge verabscheuen lehrte, daß sie nie einen Vorteil für sich oder ihre Familie durch eine Unwahrhaftigkeit erkaufte, war vorbildlich. Dieses Vorbild und diese Erziehung wurden auch zum Segen für die Botschaft von Fatima. Wir können auf jedes Wort von Lucia bauen.

Der fanatische Zug der Mutter Lucias zeigte sich erst, als sie von den Erscheinungen ihrer Tochter erfuhr. Aus der Angst, alles sei Lüge, »alle Welt« würde durch ihre Tochter getäuscht, verlor die sonst so kluge Frau förmlich den Verstand und ließ sich – die im übrigen so vortreffliche, liebende Mutter – zu äußerst groben, ja brutalen Lieblosigkeiten hinreißen. Im Stil aller Fanatiker, die Macht über Menschen besitzen, setzte sie ihre Tochter sogar unter massiven Gewissensdruck.

Wäre Lucia in der Liebe zu Gott und zur Wahrhaftigkeit nicht bereits so fest verwurzelt gewesen, dann hätte sie unter den seelischen Folterungen ihrer Mutter nachgegeben und sich durch den Widerruf, durch die Lüge »Wir werden uns wohl getäuscht haben«, das Wohlwollen ihrer Mutter zurückerkauft.

So hätte nahezu die fanatische Wahrheitsliebe der Mutter die Tochter zum Lügner gemacht.

Wohl in jedem Menschen stecken Ansätze zum Fanatismus. Wir sind allzuleicht dazu geneigt, dem, was wir für gut und recht halten, unter Mißachtung der Liebe – und sei es nur in verletzenden Streitgesprächen – Geltung zu verschaffen.

Ein außergewöhnliches Kind

»Es scheint mir, hochwürdigster Herr Bischof«, so beginnt Lucia den Bericht über ihr Leben, »als habe unser guter Gott sich gewürdigt, mich schon als kleines Kind mit dem Gebrauch des Verstandes zu begnaden. Ich weiß noch, daß ich schon in den Armen meiner Mutter mir aller meiner Handlungen bewußt war. Ich erinnere mich, wie sie mich wiegte und mit verschiedenen Liedern in den Schlaf sang.

Und, da ich die jüngste von fünf Mädchen und einem Jungen war, die der Herr meinen Eltern geschenkt hatte, erinnere ich mich, daß es unter ihnen allerhand Streitereien gab, denn alle wollten mich auf dem Arm tragen und sich mit mir unterhalten. In solchen Fällen nahm meine Mutter mich ihnen weg, damit niemand der Sieger bliebe. Und wenn sie selbst zu beschäftigt war, gab sie mich meinem Vater, der mich seinerzeit mit Liebkosungen und Zärtlichkeit überhäufte.

Das erste, was ich lernte, war das »Gegrüßet seist du, Maria«; denn meine Mutter hatte die Gewohnheit, mich auf dem Arm zu halten, während sie meine Schwester Carolina unterrichtete, die um fünf Jahre älter ist als ich. Meine zwei älteren Schwestern waren schon groß.«[6]

Das kleine Nesthäkchen wurde nahezu verwöhnt. Wie schon erwähnt, wurde es sogar zu all den vielen Volksfesten, zu den Hochzeiten in den umliegenden Dörfern, bei denen Frau Santos als Köchin oder Trauzeugin fungierte, mitgenommen.

»Überhäuft mit Zärtlichkeiten und Liebkosungen«, so schreibt Lucia weiter an ihren Bischof, »erreichte ich so mein sechstes Lebensjahr. Um die Wahrheit zu sagen, die Welt begann mir zu lächeln, und vor allem die Leidenschaft für den Tanz faßte in meinem Herzen tiefe Wurzeln. Ich gestehe, daß ich vom Teufel wohl dadurch zu Fall gebracht worden wäre, wenn unser guter Gott mir nicht seine besondere Barmherzigkeit erzeigt hätte.«[7]

Lucia behielt jedoch trotz ihrer Liebe zum Tanz ein weites Herz für Gott und seine Gnade. Der Tag der Erstkommunionfeier der Gemeinde rückte heran. Lucia zählte gerade sechs Jahre. Da sie den Katechismus schon gut beherrschte, schickte die Mutter sie zum Erstkommunionunterricht. Vielleicht, sagte sie sich, gestattet der Pfarrer ausnahmsweise der Kleinen jetzt schon die Erstkommunion. »So ging ich denn strahlend vor Freude und hoffte, meinen Gott in Kürze zum ersten Male zu empfangen«,[8] berichtet Lucia. Der Pfarrer rief sie beim Unterricht immer zu sich ans Podium, und wenn ein Kind keine Antwort wußte, mußte sie, die Sechsjährige, sie geben – den Großen zur Beschämung.

Der Tag vor der Erstkommunionfeier war da. Alle, die am Unterricht teilgenommen hatten, waren vom Pfarrer zur Kirche geladen. Jetzt erst wollte er jedem endgültig sagen, ob er teilnehmen dürfe oder nicht. »Wie groß war mein Kummer«, schreibt Lucia, »als Hochwürden mich zu sich rief, mich streichelte und erklärte, ich müsse noch warten, bis ich sieben Jahre alt sei. Ich begann sogleich zu weinen und legte meinen Kopf schluchzend auf seine Knie, als wäre ich bei meiner Mutter.

In dieser Haltung war ich noch, als ein Priester die Kirche betrat. (Es war der heiligmäßige P. Cruz aus

Lissabon, der im Leben der drei Kinder noch öfters eine gute Rolle spielte.) ... Der Priester fragte mich nach dem Grund meiner Tränen; als er ihn erfahren hatte, nahm er mich in die Sakristei und prüfte mich ... Danach führte er mich an der Hand zum Pfarrer und sagte: ›Herr Pfarrer Pena (sein eigentlicher Name war Manuel Marques Ferreira), Sie können diese Kleine kommunizieren lassen. Sie versteht besser, was sie tut, als viele von den anderen. – ›Aber sie ist doch erst sechs Jahre alt‹, widersprach der gute Pfarrer.

›Das macht nichts. Die Verantwortung übernehme ich, wenn Sie wollen.‹

›Nun gut‹, sagte der gute Pfarrer, ›geh, und sag es deiner Mutter, daß du morgen deine Kommunion haben wirst.‹[9]

Nachmittags gingen dann die Kinder in Begleitung ihrer Mütter zur ersten hl. Beichte. Lucia wählte P. Cruz. Als sie von ihm zurückkam, lachten alle, die in der Kirche waren, und die Mutter empfing ihr Töchterchen mit der Belehrung: »Weißt du nicht, daß man bei der Beichte leise spricht, daß sie ein Geheimnis ist? Alle haben dich gehört. Nur am Ende hast du etwas gesagt, von dem niemand weiß, was es war.«

Auf dem Heimweg hätte Frau Santos zu gerne »dieses Geheimnis der Beichte« ihrer Tochter erfahren; immer wieder fing sie von neuem an zu »bohren«. Aber die Antwort war ein tiefes Schweigen. Über 20 Jahre bewahrte Lucia das Erlebnis ihrer ersten hl. Beichte wie ihrer ersten hl. Kommunion als Geheimnis. Erst in ihren Erinnerungen offenbarte sie beides – lediglich im Geiste des Gehorsams gegen den Bischof.

P. Cruz hatte Lucia gesagt: »Meine Tochter, deine Seele ist der Tempel des Heiligen Geistes. Halte sie immer rein, damit er sein göttliches Wirken in ihr forsetzen kann.«[10]

Gottes Gnade ließ die Kleine diese Wahrheit zuinnerst erfassen. Sie fühlte sich auf einmal von Achtung vor ihrem Inneren durchdrungen und fragte den Beichtvater, wie sie das machen solle. Das waren wohl die leise gesprochenen Worte.

»Knie dort nieder zu Füßen Unserer Lieben Frau und bitte sie vertrauensvoll, sie möge dein Herz in ihre Hut nehmen und es vorbereiten, morgen würdig ihren geliebten Sohn zu empfangen; und sie möge es für ihn allein bewahren.«

Darauf ging Lucia zum Bilde »Unserer Lieben Frau vom Rosenkranz« und wiederholte mehrmals die empfohlene Bitte. Da schien es ihr, als lächle Maria ihr zu und sage ihr mit einem Blick und einer Geste voller Güte die Erhörung ihrer Bitte zu.

In der Nacht konnte Lucia vor Freude nicht schlafen. Die Stunden wollten nicht vergehen. Immer wieder stand sie auf, ging zu ihren Schwestern, die das Kommunionkleid schneiderten, und fragte sie, ob es noch nicht bald Tag sei.

»Endlich wurde es Tag«, so heißt es im Schreiben der Seherin an den Bischof, »der glückliche Tag, aber wie lange dauerte es, bis es neun Uhr war. Ich trug schon mein weißes Kleid, da nahm mich meine Schwester Maria mit in die Küche, damit ich meine Eltern um Verzeihung bitte, ihre Hände küsse und ihren Segen erhielte. Als diese Zeremonie vorbei war, gab mir meine Mutter die letzten Ermahnungen. Sie sagte mir, um was ich unsern Herrn bitten solle, wenn ich ihn im Herzen hätte, und verabschiedete mich mit den Worten:

›Bitte vor allem unseren Herrn, daß er aus dir eine Heilige macht!‹ Worte, die sich mir so unauslöschlich ins Herz prägten, daß sie die ersten waren, die ich unserm Herrn sagte, als ich ihn empfing. Und noch heute meine ich das Echo der Stimme meiner Mutter zu hören …

Sobald ich in der Kirche ankam, lief ich zum Altar Unserer Lieben Frau, um meine Bitte zu erneuern. Da blieb ich in der Betrachtung des Lächelns vom Tage zuvor, bis meine Schwestern mich holen kamen und mich zu dem für mich bestimmten Platz brachten.

Das Hochamt begann, und als der Augenblick sich näherte, schlug mein Herz schneller in Erwartung des guten Gottes, der doch vom Himmel herabkommen würde, um sich mit meiner armen Seele zu vereinigen …

Als der Priester (zur Kommunionausteilung) die Altarstufen herabstieg, war mir, als zerspränge mein Herz. Aber sobald er mir die göttliche Hostie auf die Lippen legte, verspürte ich eine Gelassenheit und einen unerschütterlichen Frieden. Ich fühlte mich durchdrungen von einer so übernatürlichen Atmosphäre, daß die Gegenwart unseres guten Gottes mir so spürbar wurde, als würde ich ihn mit den leiblichen Sinnen sehen und hören. Ich richtete also an ihn meine Bitten: ›Herr, mache aus mir eine Heilige, bewahre mein Herz immer rein für dich allein!‹

Hier war es mir, als würde unser guter Gott im Grunde meines Herzens deutlich zu mir sprechen:

›Die Gnade, die dir heute gewährt wurde, wird in deiner Seele lebendig bleiben und Früchte ewigen Lebens hervorbringen.‹ So fühlte ich mich in Gott verwandelt.

Der Gottesdienst war erst vor ein Uhr mittags zu Ende, da die auswärtigen Priester sich verspätet hatten und Predigt und Erneuerung der Taufversprechen lange dauerten. Meine Mutter kam mich besorgt abholen, da sie meinte, ich würde vor Schwäche umfallen. Aber ich fühlte mich durch das Brot der Engel so gesättigt, daß es mir fürs erste unmöglich war, irgendwelche Nahrung zu mir zu nehmen. Von da an verlor ich den Geschmack und die Anziehung, die ich für die Dinge der Welt zu spüren begonnen hatte, und ich fühlte mich nur an irgendeinem einsamen Ort wohl, wo ich mich allein an die Freuden meiner ersten heiligen Kommunion erinnern konnte.«[11]

Geschwister Lucias in vorgerücktem Alter

Jacinta Lucia Francisco

Brunnen im Garten der Familie Santos

»Hütet euch, eure Frömmigkeit zur Schau zu stellen!«

Das Bezeichnendste des Erstbeicht- und Erstkommunionerlebnisses sind nicht das Lächeln der Mutter Gottes und nicht Lucias tiefe, übernatürliche Ergriffenheit bei der heiligen Kommunion. Noch bedeutender, außergewöhnlicher und charakteristischer ist, daß dieses sechsjährige Mädchen dazu absolut, andeutungslos schweigt, auch vor der Mutter – trotz des Drängens. Dieses Schweigen ist ein auffälliger Wesenszug Lucias. Wir werden ihm immer wieder begegnen. Er ist allerdings allein von einer natürlichen Veranlagung heraus nur schwer erklärbar – bei einem so geweckten, gewandten, aufgeschlossenen Mädchen, das ein herzliches Verhältnis zu seiner Mutter hatte.

Hinter einem solchen Verhalten steht Gottes Gnadenführung, ein gnadenhaftes Erfassen dessen, was sich gebührt, wenn Gott einen Menschen ganz persönlich, zuinnerst anspricht, sich liebevoll zu ihm herabneigt.

Das Schweigen zu besonderen Gnadenerweisen Gottes ist charakteristisch für alle Heiligen und für alle, die auf dem Wege zur Heiligkeit sind. Es ist eine notwendige Voraussetzung für den Aufstieg zu Gott. Keiner wird zu tieferer Gottesfreundschaft finden, der außergewöhnliche Gnadengeschenke zur Schau stellt. Gott ist ein sehr feinfühlig Liebender. So wie er es nicht mag, daß jemand seine eigenen guten Werke an den Straßenecken ausposaunt, so mag er es ebensowenig, daß man sich mit göttlichen Gunsterweisen brüstet. Darum mahnt Karl Borromäus: »Wenn in dir schon ein kleines Feuer der Gottesliebe brennt, zeig es nicht gleich und setze es nicht dem Wind aus; halte den Ofen geschlossen, daß er nicht abkühlt und seine Glut verliert.« [12a]

In einem ersten Stadium des Geistlichen Lebens muß man schweigen, im zweiten möchte man schweigen, im dritten schweigt oder redet man, so wie es der Ehre Gottes am dienlichsten scheint.

»Hoch erhebt meine Seele den Herrn ... Siehe, von nun an nennen mich selig alle Geschlechter. Großes hat der Gewaltige an mir getan ...« (Luk. 1, 46–49), so sprach Maria, vom Heiligen Geiste bewegt, unbefangen über ihre außerordentliche Erwählung. Im übrigen hat sie ihr ganzes Leben hoheitsvoll darüber geschwiegen.

Wie sie, wahrte auch Lucia Jahre hindurch beharrliches Schweigen über all ihre Gnadenerlebnisse – in bisweilen heroischer Weise. Erst als sie vom Bischof zum Reden genötigt wurde, hat sie im Gehorsam nach und nach schweren Herzens ihre Geheimnisse enthüllt.

In einem Vorwort ihrer Erinnerungen schreibt sie: »Siehe die Niedrigste Deiner Dienerinnen, mein Gott, die in völliger Unterwerfung unter Deinen heiligsten Willen den Schleier ihres Geheimnisses zerreißt ... Ich werde nicht mehr das Glück haben, mich nur mit Dir der Geheimnisse Deiner Liebe zu erfreuen; aber dafür werden in Zukunft andere mit mir die Größe Deiner Barmherzigkeit besingen!« [12b]

Das so lange Schweigen Lucias ist uns, unter manchem anderen, eine sichere Gewähr, daß sie sich mit ihren späteren Eröffnungen nicht in den Vordergrund stellen wollte, so daß wir uns auf ihr Wort vollends verlassen können.

Gott konnte Maria von Nazaret so hoch begnaden, weil sie zu totalem Schweigen fähig war und weil sie sich durch nichts verleiten ließ, es unbesonnen zu brechen. »Maria lehrt ihn schweigen, sich öffnen für den

Herrn«, so heißt es in einem Lied von Maria Luise Thurmair zu Ehren des seligen Eugen von Mazenod, des Stifters der Oblaten der Makellosen Jungfrau Maria. Dasselbe muß man von Lucia sagen: »Maria lehrte sie schweigen.«

Basilika von Fatima bei nächtlicher Beleuchtung

Freut euch des Lebens!

Auch Heilige und besonders begnadete Menschen haben ihre Grenzen. Nicht alles, was sie sagen und meinen, ist Evangelium; nicht alles, was sie tun, ist von vornherein nachahmenswert. Der große heilige Johannes vom Kreuz mahnt uns, auch ihr Tun zu überprüfen, bevor man es zur Richtschnur nimmt. Ohne Zweifel sind die Heiligen Wegweiser zum rechten Ziel im Gewirr vieler Irr- und Abwege unserer Welt, sie sind ebenso Licht im Dunkel ihrer Zeit. Allerdings sind sie in unwesentlichen Fragen auch Kinder ihrer Zeit. Beim Lesen der Erinnerungen Lucias stößt man öfters auf die in verflossener Epoche in der Aszese weit verbreitete negative Einstellung zum Tanz und sogar, speziell bei Lucia, zu weltlichen Liedern. Sie entschuldigt sich verschiedentlich beim Bischof, wenn sie davon aus ihrem früheren Leben berichtet.

Zwar hält Lucia, wie Franziskus von Assisi, Frohsinn und friedliche Heiterkeit für Wesensmerkmale der Gottverbundenheit, und sie strahlt, wie von ihr gesagt wird, selbst auch Freude aus. Doch von öffentlichen Tanzvergnügen hält sie nichts, und für gottverbundene Menschen auch nichts von weltlichen Liedern und Tanz im kleinen Kreis.

Wenn sie das Leben der hl. Theresia von Avila gut gekannt hätte, wären ihre Erinnerungen in diesem Punkt wahrscheinlich etwas anders ausgefallen.

Theresia, die große Reformerin des Karmeliterordens, hatte eine bessere Einstellung zu harmlosen, natürlichen Freuden. Sie liebte es, an Festtagen beim Klang des Tambourin mit ihren Schwestern zu tanzen. Sie scheute sich auch nicht, gelegentlich ausgesuchteste Leckerbissen zu erbitten und sie mit sichtlichem Genuß zu verzehren. Als einmal eine ihrer Ordensschwestern daran Anstoß nahm – Theresia ließ sich gerade ein Rebhuhn schmecken –, soll sie dieser lachend die sprichwörtlich gewordene Rüge erteilt haben: »Wenn Rebhuhn, dann Rebhuhn, wenn Buße, dann Buße.« (Vergl. dazu Fußnote 12 c)

Diese Lebensregel der Großen Reformerin sollte uns in der einen wie in der anderen Beziehung Richtschnur sein. Zum »Rebhuhn« braucht unsere Zeit allerdings weniger Ermunterung.

Freuden, die den Menschen fesseln, ihn innerlich unfrei machen, ihm zur Leidenschaft werden, ihm zu viel Zeit rauben, stören die Beziehung zu Gott und lähmen auch die Nächstenliebe. Freuden, die nicht die Freiheit einschränken, die man genießen kann wie eine schöne Landschaft, stören nicht auf dem Wege nach oben. Sie sind sogar Sprossen auf der Himmelsleiter. Sie zu überspringen, könnte gefährlich werden.

DRITTER TEIL

DER VORBOTE
DER GOTTESMUTTER

Eine geheimnisvolle Gestalt

Es war im Sommer 1915. Lucia hatte ihr siebentes Lebensjahr vollendet. Nach dem Willen der Mutter sollte für sie nun das Hirtenleben beginnen. Der Vater und die Schwestern hätten das Nesthäkchen lieber zu Hause behalten; aber die entschiedene Frau setzte sich durch. Für Jacinta und Francisco bedeutete die Nachricht davon eine Hiobsbotschaft. Sie sollten nun ihre liebe Cousine kaum noch um sich haben, kaum noch mit ihr spielen und tanzen können und keine schönen Geschichten über den Heiland mehr von ihr hören. Das wollte ihnen nicht in den Sinn.

Die Hirten von Aljustrel dagegen waren begeistert. Wie ein Lauffeuer verbreitete sich unter ihnen die Neuigkeit, daß Lucia zu ihnen stoßen werde. Alle wollten sie auf der Weide als Gefährtin haben; allen sagte sie zu und vereinbarte mit ihnen, in die Berge zu gehen. Am nächsten Tage waren daher die Höhen Aljustrels voller Hirten und Herden. Wie eine Wolke bedeckten sie die Hügel. So ging es nicht. Inmitten dieses Geschreies fühlte sich Lucia auch nicht wohl. Darum wählte sie drei Mädchen als Gefährten und setzte sich mit ihnen unbemerkt ab.

Als diese vier am nächsten Tage auf dem Cabeco, einem Hügel bei Aljustrel, die Schafe hüteten und sie gerade, auf Lucias Anregung hin, begonnen hatten, den Rosenkranz zu beten, sehen sie über dem Gehölz im Tal eine weiße, leuchtende Gestalt schweben. Die Mädchen erschrecken. »Was ist das?« fragten sie Lucia ängstlich. Aber die sonst so beschlagene Kleine weiß hier keine Erklärung. So setzen die Mädchen das Gebet fort, immer die Augen auf jene leuchtende Erscheinung gerichtet. Als das Gebet beendet ist, verschwindet die geheimnisvolle Gestalt.

Ein tiefer, unbeschreiblicher Eindruck blieb in Lucias Herz zurück. In ihrer schweigsamen Art verliert sie zu Hause jedoch kein einziges Wort darüber. Die anderen drei aber tragen ihr Erlebnis weiter. Die Nachricht verbreitet sich über das ganze Dorf, und so erfährt es schließlich auch Frau Santos, der solche »Geschichten« wenig behagten. Sie entsprachen nicht ihrem nüchternen Sinn. Unwillig stellt sie Lucia zur Rede: »Hör mal, man sagt, daß du dort ich weiß nicht was gesehen hast! Was hast du gesehen?«

Lucia will die Erscheinung beschreiben und, da ihr, einer Achtjährigen, die rechten Worte fehlen, erklärt sie sehr unbeholfen:

»Ich weiß nicht. – – – Es sah wie eine in Bettlaken gehüllte Person aus.« (Lucia hatte, infolge der Lichtfülle und der weiten Entfernung, Hände und Gesicht der Erscheinung nicht klar erkennen können.)

»Dummheiten von Kindern!« schließt Frau Santos mit einer Geste der Verachtung die Angelegenheit ab.

Nach geraumer Zeit wiederholt sich diese Erscheinung auf der Weide vom Cabeço ein zweites und schließlich noch ein drittes Mal. Jedesmal schweigt Lucia. Jedesmal erzählen es die anderen weiter, und so erfährt es Mutter Maria Rosa immer wieder aus dem Munde der Leute.

Eigentlich hätte ihr das Schweigen der Tochter zu denken geben sollen. Doch erkennt sie darin kein Zeichen der Echtheit, sondern bildet sich ein, Lucia würde aus Angst vor ihr nicht darüber reden. So stellt sie das Kind erneut sehr verärgert zur Rede:

»Wir wollen mal sehen: was ist es, was ihr sagt, das ihr dort gesehen habt?«

»Ich weiß nicht, Mutter, ich weiß nicht, was es ist.«

Mit verächtlicher Miene schüttelt Frau Santos den Kopf. »Am besten, wir reden überhaupt nicht mehr davon«, dachte sie wohl und schwieg.

Bald traf Lucia neben der verächtlichen Haltung der Mutter auch noch der Spott der Leute. Ja selbst ihre Schwestern, die sie, das Nesthäkchen, bisher immer verhätschelten, »bliesen ins Horn« der Spötter.

Lucia mußte immer noch oft an die Gnadenstunde ihrer ersten heiligen Kommunion zurückdenken. Dann saß sie in sich gekehrt, wie geistesabwesend, da. Wenn ihre Schwestern sie in diesem Zustand erblickten, fingen sie an zu sticheln: »Siehst du wieder jemanden in Bettlaken gehüllt?« Lucia fühlte sich um so mehr von diesem Spott getroffen, als sie bisher immer nur Liebe erfahren hatte und sich wohl auch wehrlos dem Gespött auslieferte, weil es ihr entschlossener Wille war, über empfangene Gnaden zu schweigen.

Zwei Neue in der Hirtenlandschaft

Jacinta und Francisco konnten sich mit der Trennung von Lucia nicht abfinden. Darum hörten sie nicht mehr auf, ihre Mutter mit der Bitte zu bestürmen, doch mit der lieben Cousine die Schafe zur Weide führen zu dürfen. Nach langem Sträuben gab Frau Marto schließlich nach. Jetzt folgte die – menschlich gesehen – schönste Zeit im Leben der drei: ein Hirtenidyll ohne Sorge, voller Spiel, Flötenklang, Tanz und – Rosenkranzgebet, wenn auch bisweilen in beschriebener Kürze. Die Kinder konnten sich ganz dem Spiel hingeben; denn durch einen kleinen Trick hatten sie sich die Schafe anhänglich gemacht. Sie »opferten« ihnen täglich einen Teil ihres Vesperbrotes. Seitdem lief keines mehr davon.

Eines Tages machte Jacinta eine neue lustige Entdeckung. Als sie von einem Felsen aus »Lucia« rief, hörte sie zu ihrer großen Verwunderung diesen Namen ganz deutlich vom Tal herauf zurückhallen. Sie war verblüfft, wiederholte ihn, versuchte es mit anderen Namen: immer das gleiche Ergebnis. Es war, als ob unten vom Tal her eine andere Jacinta das Gesagte zurückriefe. Das bereitete ihr soviel Spaß, daß von nun an das Echorufen eines ihrer Lieblingsspiele wurde. Und da der Name »Maria« besonders schön klang, rief sie ihn auch besonders gern hinab ins Tal. Schließlich kam sie auf den Gedanken, dem schönsten Namen das ganze »Gegrüßet seist du, Maria« Wort für Wort anzufügen. Seither erklang jeden Tag das »Ave Maria« im Echohall langsam und nachdrucksvoll, Wort für Wort, über Berg und Tal.

In diese Idylle sorglosen Hirten- und Kinderlebens

sollten nun bald die Erscheinungen einbrechen – beglückend und beängstigend, die Idylle zerschlagend, das Leben neu gestaltend und krönend.

Cabeço, Berg der ersten und dritten Engelerscheinung

Ein aufregender Besuch

Es war im Spätfrühling 1916. Lucia, Francisco und Jacinta hüteten ihre Herden auf einem Grundstück der Familie Santos am Fuße des Cabeço. Da es etwas zu regnen begann, stiegen sie den Berghang hinauf, um nach einer schützenden Felsenwand zu suchen.

Sie fanden schließlich eine Grotte, die sie noch nie betreten hatten, die ihnen aber in ständiger heiliger Erinnerung bleiben sollte.

»Dort verbrachten wir den Tag«, erzählt Lucia in den Erinnerungen, »obwohl der Regen vorbei war und die Sonne wieder in vollem Glanz erstrahlte, schön und klar. Wir aßen unser Mittagsbrot und beteten den Rosenkranz (ob ganz oder in Kurzform, weiß Lucia nicht mehr). Nachdem wir unser Gebet beendet hatten, begannen wir, mit Steinen zu spielen. Wir hatten ein Weilchen gespielt, da schüttelte ein starker Wind die Bäume und ließ uns schauen, was da vor sich ging; denn es war ein ruhiger, windstiller Tag. Wir sahen dann jene Gestalt, von der ich schon erzählte, über dem Olivenhain auf uns zukommen. Jacinta und Francisco hatten sie noch nie gesehen, noch hatte ich ihnen von ihr erzählt. Als sie sich uns näherte, konnten wir ihr Aussehen erkennen: ein junger Mann von 14–15 Jahren, noch weißer als der Schnee, die Sonne machte ihn so durchsichtig, als wäre er aus Kristall, und er war von großer Schönheit.[13]

Je näher er kam, um so besser konnten wir seine Züge unterscheiden. Wir waren sehr überrascht und ganz hingerissen.[14] Als er bei uns ankam, sagte er: ›Habt keine Angst! Ich bin der Engel des Friedens! Betet mit mir!‹

Dann kniete er auf die Erde nieder und beugte seine Stirn bis zum Boden.[15]

Durch einen übernatürlichen Zwang mitgerissen, taten wir das gleiche und wiederholten die Worte, die wir ihn sprechen hörten:[16]

›Mein Gott, ich glaube an dich, ich bete dich an, ich hoffe auf dich, ich liebe dich. Ich bitte dich um Verzeihung für die, die nicht glauben, dich nicht anbeten, nicht hoffen und dich nicht lieben.‹

Nachdem wir das dreimal wiederholt hatten, erhob sich der Engel und sagte:

›So sollt ihr beten. Die Herzen Jesu und Mariens hören auf eure Bitten.‹[17] Und er verschwand.[18]

Die Atmosphäre des Übernatürlichen, die uns umgab, war so intensiv, daß wir ziemlich lange kaum unseres eigenen Daseins innewurden; wir blieben in der Haltung, in welcher der Engel uns zurückgelassen hatte, und wiederholten ständig dasselbe Gebet.

Wir fühlten die Gegenwart Gottes so gewaltig und innerlich, daß wir nicht einmal untereinander zu sprechen wagten. Noch am nächsten Tag war unser Geist in diese Atmosphäre gehüllt, die nur sehr langsam schwand.«[19]

Die drei Kinder verbrachten von da an viel Zeit damit, tiefgebeugt dieses Gebet des Engels zu verrichten. Oft verharrten sie dabei so lange, bis sie vor Müdigkeit umfielen.

Erstes Anliegen Fatimas

Die leuchtende Gestalt stellt sich vor als Engel des Friedens und deutet damit gleich zu Beginn der Erscheinungen eines der großen Anliegen Fatimas an. Vielleicht mehr noch geht es bei dieser ersten klaren Vision um die Grundhaltung, die dem Geschöpf seinem Schöpfer gegenüber gebührt, um die Ehrfurcht.

Selbst bei guten, religiösen Menschen ist diese Tugend etwas ins Hintertreffen geraten, und sehr viele besitzen sie überhaupt nicht mehr. Eine erste Ursache dieses Mangels mag wieder die heutige Einebnung der Werte, die Nivellierungssucht, die Gleichmacherei sein, die jede Achtung vor allem Höheren versperrt. Ein zweiter Grund ist die Faszination des Sicht-, Greif- und Meßbaren, die vielen den Sinn für die Größe und Würde des Übernatürlichen raubt.

Die Seher von Fatima erleben den Engel, von dessen Schönheit und Würde sie ganz hingerissen sind, in seiner tiefen Ehrfurcht vor Gott. Sie sehen, wie er niederkniet und voller Demut sein Haupt neigt – tiefgebeugt, bis zur Erde. Zugleich erfahren sie »gewaltig und innerlich« die ehrfurchtsgebietende »Gegenwart Gottes«. So fühlen auch sie sich, wie der Engel, auf die Knie gezwungen und neigen wie er das Haupt – nicht sklavisch und auch nicht zitternd voller Angst, wie Propheten des Alten Bundes bei Gottesvisionen, – sondern voller Freude und Vertrauen. Hinter dieser Vision verbirgt sich zweifellos eine Heilspädagogik Gottes, eine spezielle (auf die Seher gerichtete) und eine allgemeine (die uns alle im Auge hat).

Wir dürfen uns vertrauensvoll unserem Schöpfer und Herrn nahen. Er hat uns nach seinem Bild geschaffen und nach dem seines Sohnes neugestaltet. Wir dür-

fen ihn darum mit »Du« anreden ... Allerdings folgt diesem vertrauensvollen Du nicht eine anbiedernde, sondern eine anbetende Anrede: Du der Heilige, Du der Herr, Du der Höchste. Erst wenn der Mensch Gott so anzureden vermag, kann er zu Recht weitersprechen: Du unser Vater, Du unser Vertrauter, Du der Gefährte unseres Lebens und unserer Ewigkeit.

Der erste Appell Fatimas an uns persönlich, an die Kirche unserer Tage, an die Menschen unserer Zeit heißt: Ehrfurcht vor dem dreifaltigen Gott in der äußeren und inneren Gebetshaltung und – Fürbitte für alle, die von ihrem Schöpfer nichts wissen wollen.

Am Brunnen der Familie Santos

Hochsommer! Die subtropische Sonnenglut in den Mittagsstunden ist zu belastend für Menschen und Vieh. So werden die Schafe schon vormittags nach Hause getrieben. Erst gegen Abend kommen sie wieder ins Freie. Den drei Hirtenkindern – sie konnten ja nicht immer nur beten – bleibt nun viel Zeit zum Spiel im Garten (der Familie Santos) mit seinen drei schattenspendenden Feigenbäumen und dem trauten Brunnen, an dem sie sich so gern aufhielten und der ihnen durch ein unvergeßliches Ereignis noch lieber wurde. Als sie sich dort wieder einmal ganz dem Spiele hingaben, stand plötzlich die leuchtende Gestalt, die sie am Cabeço gesehen hatten, vor ihnen:

»Was macht ihr hier? – Betet, betet viel! Die Herzen Jesu und Mariä haben mit euch Pläne der Barmherzigkeit (wollen durch euch Frieden und Heil schaffen). Bringt dem Allerhöchsten unaufhörlich Gebete und Opfer dar.«[20]

»Wie sollen wir Opfer bringen?« fragte Lucia ratlos. »Aus allem, was ihr könnt, macht ein Opfer zur Sühne für die Sünden, durch die Gott beleidigt wird, und als Bitte um die Bekehrung der Sünder. So werdet ihr den Frieden auf euer Vaterland herabziehen. Ich bin sein Schutzengel, der Engel Portugals. Vor allem nehmt die Leiden, die euch der Herr senden wird, mit Ergebung an, und tragt sie geduldig.«[21]

»Diese Worte«, so erzählte Lucia, »prägten sich unserem Geiste ein. Sie wirkten wie ein Licht, in dem wir erkannten, wie sehr Gott uns liebt und wie sehr er von uns wiedergeliebt sein will. Ferner erkannten wir den Wert des Opfers und, daß der Herr um der Opfer willen Sünder bekehrt.

So begannen wir also, dem Herrn alles aufzuopfern, was uns kränkte. Doch suchten wir damals keine andere Selbstüberwindung als die, stundenlang zur Erde niedergeworfen, das Gebet des Engels zu wiederholen.«[22]

Wie die Worte Jesu nicht nur den Aposteln, Jüngern, Zuhörern und Zeitgenossen des Herrn galten, sondern uns allen, so ähnlich richtet sich auch der Appell der zweiten Engelerscheinung nicht nur an die drei Kinder von Aljustrel. Er ergeht an alle, die zu Großmut fähig sind. Ja, jeder Christ soll, nach dem Maß der ihm verliehenen Gnade, durch Gebet, durch freiwillige Opfer und vor allem durch geduldiges Tragen seiner Leiden am Erlösungswerk mitwirken. Nicht im Management vollzieht sich die Rettung unserer Zeit, sondern im Einswerden mit dem Opfer unseres Herrn.

»Wie sollen wir Opfer bringen?« wollte Lucia wissen. Der Engel gab ihr keine genaue Anweisung; denn er kannte die Liebe der Kinder, und Liebe ist erfinderisch. Sie braucht keine zwingenden, bindenden Vorschriften und verträgt sie auch nicht. Sie will suchen, wachsen, sich frei entfalten.

Kelch und Hostie

Zwei oder drei Monate nach der zweiten Engelerscheinung, Ende September oder Anfang Oktober! Der Hochsommer ist vorbei. Hirten und Herden bleiben über Mittag wieder auf der Weide. Lucia, Francisco und Jacinta hatten ihre Schafe den Cabeço hinaufgetrieben und sich nach ihrem Mittagbrot zur Grotte zurückgezogen. Dort beteten sie zuerst den Rosenkranz und dann das Gebet, das der Engel sie gelehrt hatte. Sie hatten es schon viele Male wiederholt, da sehen sie sich plötzlich von einem außerordentlichen Lichtglanz umgeben. Sie schauen auf und erblicken den Engel. Er hält in der linken Hand einen Kelch, über dem eine Hostie schwebt, aus der einige Blutstropfen in den Kelch rinnen. Der Engel läßt Kelch und Hostie in der Luft schweben, kniet sich neben die Kinder und fordert sie auf, mit ihm ein neues Gebet zu sprechen.

Es ist etwas beeinflußt von anderen damals volkstümlichen Gebeten Portugals und der Gebetsmentalität der damaligen Zeit. Heute würde der Engel sicher etwas anders formulieren. Jeder Kenner der Hl. Schrift weiß, wie sehr Gott sich auch in seinem Wort zu uns herabneigt und wie er sich der Verständnisfähigkeit und dem Denkvermögen der jeweiligen Zeit anpaßt. Ganz unkompliziert und großzügig ist der Herr in seinem Herabsteigen zu uns. Das Wort Gottes ist geprägt von der Sprache, der Vorstellungskraft und -welt derer, die es vermitteln, und derer, an die es ergeht. Kein heutiger Theologe würde von sich aus gewisse Formulierungen der Hl. Schrift wagen. Denken wir nur an die Vater-unser-Bitte »und führe uns nicht in Versuchung«. Wir wissen, wie sie gemeint ist, und das genügt. Dasselbe gilt auch vom folgenden Gebet des Engels und ebenso vom Zusatz zum Rosenkranz, den Maria die Kinder später lehrte.

Der Engel betete dreimal mit den Kindern:

»Heiligste Dreifaltigkeit, Vater, Sohn und Heiliger Geist! Ich bete Dich in tiefster Demut an und opfere Dir auf den kostbaren Leib, das Blut, die Seele und die Gottheit unseres Herrn Jesus Christus, der in allen Tabernakeln der ganzen Welt gegenwärtig ist, zur Sühne für alle Schmähungen, Gotteslästerungen und Gleichgültigkeiten, durch die er selbst beleidigt wird. Durch die unendlichen Verdienste seines heiligsten Herzens und des Unbefleckten Herzens Mariä bitte ich um die Bekehrung der armen Sünder.«[23]

Danach erhebt sich der Engel, ergreift den Kelch und die Hostie, reicht Lucia die Hostie, Francisco und Jacinta dagegen den Kelch und spricht:

»Empfanget den Leib und trinkt das Blut Jesu Christi, der durch die undankbaren Menschen so furchtbar beleidigt wird. Sühnet ihre Sünden, tröstet euren Gott.«[24]

Dann kniet er sich von neuem auf die Erde und wiederholt noch dreimal mit den Kindern das Gebet »Heiligste Dreifaltigkeit ...!«. Danach ist er nicht mehr zu sehen.

Die Kinder verharrten weiter in tiefgebeugter Haltung und wiederholten immer wieder die Gebetsworte des Engels. Die Zeit verrann, Stunde um Stunde, ohne daß die Kinder es merkten. Schließlich wurde sich Francisco bewußt, daß die Zeit vorangerückt war. Die Kinder richteten sich auf und stellten fest, daß es Abend wurde und daß es höchste Zeit war, die Herde nach Hause zu treiben.

»Die Kraft der Gegenwart Gottes«, schreibt Lucia, »war so intensiv, daß sie uns fast gänzlich fesselte und vernichtete. Sie schien uns längere Zeit selbst des Gebrauches unserer körperlichen Sinne zu berauben … Der Friede und das Glück, das wir fühlten, waren sehr groß, aber rein innerlich, und konzentrierten die Seele völlig auf Gott. Auch die körperliche Entkräftung, die uns überkam, war sehr groß.«[25]

Tagelang hielt dieser Zustand an.

»Ich weiß nicht, wie mir ist«, bemerkte Jacinta. »Ich kann weder sprechen noch singen noch spielen, und ich habe zu nichts Kraft.«

»Ich auch nicht«, entgegnete Francisco. »Doch was tut's? Der Engel ist viel schöner als all das. Denken wir lieber an ihn!«[26a]

Die Engelerscheinungen blieben ein Geheimnis der drei Seher. Niemand erfuhr von ihnen; denn infolge des eigenartigen Gebanntseins hatte selbst die sechsjährige redselige Jacinta nicht das Bedürfnis, über dieses Erlebnis vor anderen zu sprechen. Ja, es kostete die beiden Mädchen eine große Überwindung, Francisco, der den Engel gesehen, aber seine Worte nicht vernommen hatte – nur die Gebetsworte muß er wohl gehört haben –, alles wiederzugeben.

Lucia schwieg auf den Rat ihres Beichtvaters und ihres Bischofs über diese Erscheinungen viele Jahre, bis sie schließlich aufgefordert wurde, alles zu enthüllen.

Seither sind diese Visionen mehr als ein Zwischenspiel, das die Seher auf ihre Sendung vorbereitete. Sie haben nun auch uns manches zu sagen.

Unter anderem geht es bei der dritten Erscheinung um den rechten Bezug zum Altarssakrament, um die Ehrfurcht vor dem »Allerheiligsten«.

Unsere Haltung zur Eucharistie ist mitgeprägt von der Zwiespältigkeit unserer Umbruchzeit mit ihren geglückten und mißglückten, notwendigen und verfehlten Korrekturen des Überkommenen, mit ihren guten

Ansätzen zu neuen Werten und ihrer Mißachtung alter, also mit ihrem Positiven und Negativen.

Wir haben es wohl verstanden, daß der Priester am Altar und die Gemeinde eine Einheit bilden, daß zur Eucharistiefeier im allgemeinen auch das Mahl gehört. Unser Eucharistieverständnis ist in manchem richtiger als das vergangener Epochen. Es steht uns jedoch zu wenig im Sinn, daß wir bei der hl. Messe dem Allerhöchsten ein Opfer, das einmalige Opfer des Neuen Bundes, darbringen und mit Gott ein Opfermahl halten.

Und was noch schwerer wiegt: Das Bewußtsein, daß unser Herr mit der ganzen Fülle seiner Gottheit und Menschheit in diesem Sakrament zugegen ist, verblaßt zusehends. Man unterläßt Zeichen der Ehrfurcht und der Anbetung beim Betreten und Verlassen der Kirche, und – mit den Worten Kardinal Döpfners gesagt – »man geht heute so zur hl. Kommunion, wie man früher Weihwasser nahm«. Viele »unterscheiden« kaum noch den Leib des Herrn »von einer gewöhnlichen Speise« und prüfen sich nicht vor dem Empfang der hl. Kommunion. – Eine verhängnisvolle Entwicklung!

Im Erstkommunionunterricht wird versucht, ein gutes Verständnis der Eucharistiefeier zu vermitteln und die Verbindungslinien von dieser Feier zum täglichen Leben zu ziehen – eine Erziehung zum Ganzen, zum ganzgelebten und ganzverstandenen Christentum.

Aber wird mit den Kindern eingehend genug die Gegenwart Jesu im Altarsakrament erarbeitet, oder geschieht das nur so unter anderem auch? Ist der Unterricht so angelegt, daß er zu tiefer Ehrfurcht vor diesem großen Geheimnis führt? Werden die Kinder genügend angeregt, den Herrn und Schöpfer der Welt in ihrem Herzen anzubeten und gläubig mit dem zu re-

den, von dem wir im Evangelium der hl. Messe gehört haben und der in ihm das Gespräch mit uns begonnen hat?

Klemens Tilmann hat uns in seinem Buch »Das Geistliche Gespräch« so wertvolle Anregungen zur Danksagung nach dem Empfang der hl. Kommunion geschenkt. Sie scheinen ganz in Vergessenheit geraten zu sein. Die entsprechenden Anregungen, die heute in einschlägiger Literatur angeboten werden, gehen weitgehendst an dem vorbei, was in jenen kostbaren Minuten zu denken, zu danken und zu sagen wäre.

Und werden die Kinder ausreichend angehalten zur stillen Anbetung des in den Tabernakeln gegenwärtigen Herrn und zur öffentlichen Verehrung des »Allerheiligsten«? – Wird dieses Wort in der Unterweisung überhaupt noch in den Mund genommen – oder begnügt man sich mit der Bezeichnung »Heiliges Brot«, die, wenn man sich vorherrschend ihrer bedient, den Glauben an die Gegenwart des Herrn in der Gestalt des Brotes nicht erhellt, sondern verdunkelt? Sofern unsere Eucharistie-Verehrung sich zu sehr auf das Meßopfer beschränkt, wird sie allzuleicht zum bloßen Ritualismus verflachen.

Wenn wir die Werte, die wir teilweise vergraben haben, wieder heben würden und zu den heute neu gefundenen Werten hinzugesellten, könnte unsere Zeit in besonderer Weise zu einer Zeit des Heiles werden.

Es mag uns gewundert haben, daß diese Kinder ein so langes und schwieriges Gebet, wie das zur Heiligsten Dreifaltigkeit, genau behalten konnten.

Ganz abgesehen davon, daß der Engel es sechsmal mit ihnen gebetet hat, erklärt sich die erstaunliche Erinnerungsfähigkeit aus dem Wesen ekstatischer Visionen, bei denen alle Sinne und der Verstand allein auf dieses Erlebnis gerichtet sind. Jede andere Sinneswahrnehmung und jeder andere Denkvorgang sind vollkommen ausgeschaltet. Der Visionär lebt in einem Zustand allerhöchster Konzentration. Darum prägt sich alles dem Gedächtnis tief und unauslöschbar ein, und darum kann der Visionär noch nach Jahren und Jahrzehnten das Geschaute oder Gehörte bis in die kleinsten Einzelheiten wiedergeben.

So erklärt es sich auch, daß die drei Seher nach den Muttergotteserscheinungen die Gestalt und das Aussehen Marias genauestens beschreiben konnten, ohne sich je zu widersprechen, und daß Lucia die lange und schwierige Botschaft der dritten Erscheinung Marias, von der noch die Rede sein wird, genau behalten konnte.

VIERTER TEIL

DIE ERSCHEINUNGEN DER GOTTESMUTTER

Zur ersten Erscheinung der Gottesmutter

13. Mai 1917 – Moskau · Rom · Fatima

13. Mai 1917, Moskau: Tag der ersten Kirchenschändung im Vorschatten der Revolution!

Eine Lehrerin, Maria Alexandrowa, erteilt in einer der Kirchen Moskaus Katechismusunterricht. Zweihundert Kinder sitzen vor ihr in den Bänken. Plötzlich lautes Lärmen am Hauptportal! Reiter stürmen herein, jagen durch das Mittelschiff der großen Kirche, setzen über die Kommunionbank, zerstören den Altar, sprengen durch die Seitenschiffe der Kirche und zerschlagen dabei die Figuren der Heiligen. Schließlich stampfen sie mit den Hufen ihrer Pferde die Kinder nieder und töten dabei einige. Maria Alexandrowa stürtzt entsetzt aus der Kirche und schreit einem der draußen stehenden Revolutionäre entgegen, was sich in der Kirche abgespielt hat. Der Revolutionär, es ist Lenin persönlich, erklärt: »Ich weiß, ich habe sie geschickt.«[26b]

13. Mai 1917, Rom: Eugenio Pacelli, der spätere Papst Pius XII., wird in den Mittagsstunden zum Bischof geweiht, um dann als Nuntius in schwerer Mission, als »Bote des Friedens«, nach Deutschland gesandt zu werden.

13. Mai 1917, Fatima: Pfarrer Manuel Marques Ferreira predigt im Hochamt über das neu erschienene Rundschreiben Benedikt XV. Der Papst ruft darin die Welt zu einem Gebetskreuzzug für den Frieden auf die Fürsprache der Gottesmutter auf.

Wenige Tage zuvor hat Benedikt XV. die Anrufung »Königin des Friedens« der Lauretanischen Litanei beigefügt.

13. Mai 1917 – Die hoheitsvolle Frau

Lucia, Francisco und Jacinta hatten am 13. Mai 1917 frühmorgens an der Feier der Eucharistie teilgenommen. Gegen 10 Uhr trafen sie sich mit den Herden, wie so oft, am Barreiro, einem Teich, und beschlossen dort, zur Cova da Iria (Mulde der Irene, man kann auch übersetzen »Mulde des Friedens«) zu gehen. Sie liegt etwa 3 km von Fatima entfernt und bildet ein natürliches Amphitheater von etwa 500 m im Durchmesser.

Dort besaßen Santos' zwei Grundstücke: ein sehr fruchtbares für den Gemüse- und Maisanbau und ein weiteres als Weideland mit Oliven, Eichen und Steineichen.

– Die Steineiche jener Art, die in der Gegend von Fatima wächst, ist ein kümmerliches »demütiges« Bäumchen, das mit unserer »stolzen« Eiche wenig zu tun hat. –

Der Weg zur Cova da Iria war weit. Die Kinder konnten die Schafe nicht einfach schnurstracks dorthin treiben. Sie mußten ihnen auf dem Weg etwas Zeit zum Weiden lassen. So war es bereits Mittag, als sie in jener friedlichen Mulde ankamen. Darum beteten sie nach alter Gewohnheit zuerst ihren Rosenkranz, aßen dann ihr Mittagsbrot und begannen danach – ganz oben am Gipfel der Anhöhe – zu spielen. Francisco suchte fleißig Steine zusammen, holte sie unter den Sträuchern hervor, grub sie aus dem Boden und schleppte sie herbei. Ein »Hausbau« war geplant. Bald standen auch schon die Mauern – bezeichnenderweise genau dort, wo sich jetzt die Basilika erhebt. Das Spiel machte den Kindern Spaß, und die Sonne lachte dazu. Es war ein wunderschöner Sommertag.

Da, auf einmal, bei heiterem Himmel, ein Aufleuchten, einem Blitzstrahl ähnlich. Erschrocken schauen die Kinder zum Himmel; aber der ist vollkommen klar, kein einziges Wölkchen läßt sich entdecken.

Vielleicht zieht sich hinter den Bergen, ohne daß man es sehen kann, ein Gewitter zusammen? »Das kommt schon mal vor«, weiß Lucia ihren unerfahrenen Gefährten zu sagen. »Es ist wohl besser, wir gehen nach Hause«, schlägt sie vor. Und die beiden Kleinen sind allzu gern damit einverstanden; denn der grelle Blitz hatte ihnen viel Angst eingejagt.

Sie lassen also ihr »Haus« auf der Höhe unvollendet stehen, treiben rasch ihre Schäfchen zusammen, und dann geht es Richtung Aljustrel den Abhang hinab.

Auf halber Höhe, neben einer etwas größeren Steineiche angelangt, ein weiterer »Blitzstrahl«, noch heller und blendender als der erste! Zitternd vor Angst treiben die kleinen Hirten ihre Schafe zur Eile und fangen an zu laufen. Dann, am Fuße des Abhangs, bleiben sie plötzlich wie angewurzelt stehen, stumm vor Staunen.

Wenige Schritte vor ihnen, über einer kleinen Steineiche von etwa einem Meter Höhe, schwebt eine wunderschöne Frau, ganz in Weiß gekleidet, leuchtender als die Sonne.

Mit liebevoller Gebärde beruhigt sie die Kinder:

»Habt keine Angst, ich tue euch nichts zuleide!« Unbeweglich verharren die Kinder, die Augen voller Staunen und Freude auf die wunderbare Frau gerichtet. Sie hat das Aussehen einer 15–18jährigen. Ihre Augen sind schwarz, das Kleid ist weiß wie Schnee; am Hals schließt es mit einer goldenen Schnur und reicht bis hinab zu den Füßen, welche die Blätter der Steineiche etwas berühren. Ein goldumsäumter, schneeweißer Mantel umhüllt ihr Haupt und ihre Gestalt. Von den Händen, die sie vor der Brust gefaltet hält, hängt ein weißer Rosenkranz herab. Heller Lichtschein umstrahlt ihr Antlitz und die ganze Gestalt.

– Wenn man Lucia später nach dem Gesicht der Erscheinung befragte, beschrieb sie es immer wieder nur mit dem einen Wort: »Licht, Licht, Licht!« –

Die so erhaben schöne Frau blickte liebevoll, jedoch ernst, mit einem Zug von Traurigkeit im Antlitz, auf die Kinder.

Immer noch stehen sie gebannt, regungs- und wortlos vor ihr, hineingezogen in ihren Lichtglanz, bis Lucia schließlich Mut faßt und eine erste Frage an die Erscheinung richtet:

»Woher kommen Sie, Senhora?«

»Ich komme vom Himmel.« Dabei zeigt die schöne Frau mit der Hand auf das blaue Firmament.

»Und was wollen Sie von uns?«

»Ich bin gekommen, euch zu bitten, daß ihr in den folgenden sechs Monaten jeweils am Dreizehnten zur gleichen Stunde hierherkommt. Dann werde ich euch sagen, wer ich bin und was ich will. Ich werde danach noch ein siebentes Mal kommen.«

»Und Sie kommen vom Himmel? – Komme ich auch in den Himmel?«

»O, ja!«

»Und Jacinta?«

»Auch sie!«

»Und Francisco?«

Da blickt die Erscheinung voller Güte und mit einem Ausdruck mütterlichen Mitleids auf den Jungen und erwidert:

»Auch er; aber er muß noch viele Rosenkränze beten.«[27]

Lucia mußte nun an zwei kürzlich verstorbene

Mädchen denken, die bei ihrer älteren Schwester weben und nähen gelernt hatten. Die eine, Maria das Neves, war etwa 16, die andere, Amelia, ungefähr 20 Jahre alt.

Ermutigt durch die genauen Auskünfte, erkundigt sich Lucia weiter:

»Ist Maria das Neves schon im Himmel?«

»O, ja!«

»Und Amelia?«

»Sie bleibt bis zum Ende der Welt im Fegfeuer.«[28]

Da fängt Lucia an zu weinen. Schließlich forscht sie weiter:

»Könnt Ihr mir sagen, ob der Krieg noch lange dauern oder ob er bald zu Ende sein wird?«

»Das kann ich dir noch nicht sagen, ebensowenig wie ich dir jetzt schon sagen kann, was ich wünsche.«[29]

Obwohl die himmlische Erscheinung hier zum ersten Male die Auskunft verweigert bzw. »noch« nicht gibt, war es wohl trotzdem Gottes Eingebung, die Lucia diese Frage stellen ließ, da ja der Friede in der Welt eines der großen Anliegen Fatimas ist.

Dann ergreift die Gottesmutter die Führung im Gespräch und nennt ihr erstes Anliegen:

»Wollt ihr euch Gott schenken, bereit, jedes Opfer zu bringen und jedes Leiden anzunehmen, das er euch schicken wird: als Sühne für die vielen Sünden, durch die die göttliche Majestät beleidigt wird; für die Bekehrung der Sünder, von denen so viele auf die Hölle zueilen; und zur Genugtuung der Flüche und aller übrigen Beleidigungen, die dem Makellosen Herzen Mariens zugefügt werden?«[30]

»Ja, das wollen wir!«[31] antwortet Lucia voller Begeisterung im Namen aller drei.

Durch eine liebevolle Geste zeigt nun die Erscheinung den Kindern, wie sehr sie sich über ihre Großmut freut, und sagt ihnen dann voraus:

»Ihr werdet also viel leiden müssen, doch die Gnade Gottes wird eure Stärke sein!«

»Als sie diese letzten Worte sprach«, so berichtet Lucia, »öffnete sie zum ersten Male die Hände (die sie bis jetzt immer gefaltet über der Brust hielt) und übermittelte uns ein überaus starkes Licht. Es war wie ein Widerschein, der von ihren Händen ausging; es drang uns tief in die Brust, bis in die tiefste Tiefe der Seele, so daß wir uns selbst in Gott, der dieses Licht war, schauten – viel klarer, als wir uns im besten Spiegel sehen können. Durch eine innere Anregung, die uns ebenfalls mitgeteilt wurde, fielen wir nun auf die Knie und wiederholten ganz innerlich: ›O Heiligste Dreifaltigkeit, ich bete dich an; mein Gott, ... ich liebe dich im heiligsten Sakrament.‹

Nach einigen Augenblicken fügte Unsere Liebe Frau hinzu: ›Betet täglich den Rosenkranz, um den Frieden der Welt und um das Ende des Krieges zu erlangen!‹

Darauf begann sie sich ruhig zu erheben und in Richtung des Sonnenaufganges aufzusteigen, bis sie in der Unendlichkeit der Ferne verschwand. Das Licht, das sie umgab, schien einen Weg durch die Himmelswölbung zu öffnen.«[32]

Dann erwachten die Kinder aus ihrer Ekstase. Sprachlos schauten sie sich gegenseitig an. Alles um sie herum war noch wie vorher. Ihr Inneres jedoch war anders, anders auch als nach den Engelerscheinungen. Wohl waren sie erfüllt von »derselben inneren Freude, demselben Frieden und demselben Glücksgefühl.«[33]

»Aber«, so berichtet Lucia, »anstatt dieser körperlichen Entkräftung eine gewisse beschwingte Beweglichkeit, anstatt dieses Vergehens in der göttlichen Gegenwart eine jubelnde Freude; anstatt dieser Schwierigkeit, zu sprechen, eine gewisse mitteilsame Begeisterung.«[34]

Trotz des inneren Dranges, das Erlebnis anderen mitzuteilen, hielt es Lucia für ratsam, darüber zu schweigen. Und als sie dann Jacinta aus ihrer Versunkenheit – die Kinder blieben den ganzen Nachmittag still, nachdenklich, in sich gekehrt – immer wieder voller Begeisterung ausrufen hörte »Ach, was für eine schöne Senhora«, bemerkte Lucia: »Ich seh' schon, du wirst es noch jemand sagen.«

Doch Jacinta beteuerte: »Nein, ich sage nichts, du kannst dich darauf verlassen.« Als die Kinder bei Sonnenuntergang wieder nach Hause gingen, schärfte Lucia ihren Gefährten noch einmal ein, ja nichts auszuplaudern, und beide versprachen erneut: »Nein, nein, wir erzählen nichts, wir werden schweigen.«

Bis zum Ende der Welt?

Die Antwort Marias »Sie bleibt bis zum Ende der Welt im Fegfeuer« mag uns schockiert oder befremdet haben. Vielleicht ist diese Aussage nur eine Redewendung für »noch sehr lange«. Vielleicht ist sie aber auch wörtlich zu nehmen, denn, wenn es ewige Strafen gibt und wenn die Seelen der Gerechten, die vor Christus starben, bis zu seiner Himmelfahrt, also zum Teil Hunderttausende von Jahren, auf die Vollendung im Reiche Gottes warten mußten, warum soll es dann nicht auch Strafen bis zum Weltengericht geben? Doch lohnt es sich nicht, bei dieser Frage stehenzubleiben; denn das Zeitgefühl und die Zeitgesetze sind für reine Geistwesen anders als für auch körperbehaftete Geschöpfe. Entscheidender ist für unsere Zeit der

Hinweis Marias auf die Existenz und den Ernst eines Läuterungsortes.

Der Glaube an einen solchen »zwischen Erde und Himmel« ist sehr stark geschwunden – auch unter überzeugten katholischen Christen. Dieser Glaubensmangel mag zum Teil die Reaktion auf frühere primitive Fegfeuerschilderungen sein. Mehr aber noch stehen dahinter ein einseitiges Gottesbild, ein falsches Menschenbild und ein sehr unzulängliches Bild vom ewigen Leben.

Man sieht sehr einseitig die Vater-Gott-Aussagen der Hl. Schrift und übersieht, daß sich Gott nicht nur dort, sondern ebenso im Leben der Völker und der Menschheit als einer offenbart, der furchtbar strafen kann. Man hält es wie Vogel Strauß, sobald das Antlitz des strafenden Gottes erscheint, oder man fängt an zu hadern; denn man betreibt die besagte Vogel-Strauß-Politik ebenso im Anblick der allgemeinen Sündhaftigkeit des Menschen. Man will es auf einmal nicht mehr sehen, daß perfekte Heilige seltene Ausnahmen sind, und malt sich just ein unrealistisches Menschenbild.

Vor allem aber erkennt man nicht die Würde und Erhabenheit des ewigen Lebens, das mehr ist als ein nettes Zusammensein mit Gott und den Heiligen und mehr als ein staunendes Stehen vor Gott. Es ist Lebensgemeinschaft, engste Vereinigung mit ihm.

Die Verbindung der Heiligen des Himmels mit Gott ist tiefer als die der innigsten Ehe. Totaler, als sich Christus beim Empfang des Altarssakraments schenkt, schenkt sich Gott seinen Freunden, allen, die zum ewigen Leben gelangt sind. So, wie sich unser Herr beim Empfang der hl. Kommunion jedem ganz gibt – auch wenn ihn Millionen zur gleichen Zeit empfangen –, so vereint sich Gott im ewigen Leben mit jedem einzelnen derart, als ob dieser der einzige Himmelsbewohner wäre. – Der Unendliche vermag dies.

Jesus deutet diese Vereinigung Gottes mit jedem Auserwählten mit den Worten an: »Er wird umhergehen und jeden einzelnen von ihnen bedienen.«[35] Gott bedient jeden und zwar nicht, wie nur bildhaft gesagt, mit »köstlichen Weinen und auserlesenen Speisen«.[36] Was er darbietet, ist seine Liebe, ist er selbst. Mit jedem geht der heilige Gott nicht nur eine eheähnliche, sondern eine eheübertreffende Verbindung ein, für eine ganze Ewigkeit.

Weil Gott unendlich und allgegenwärtig ist, kann er sich mit allen Menschen zugleich verbinden. Weil er ganz einfach ist (nicht aus diesen oder jenen Teilen oder Schichten zusammengesetzt ist), kann er sich immer nur ganz schenken. Eine Begrenzung erfährt die Vereinigung mit Gott nur durch die Begrenztheit der Geschöpfe, mit denen Gott sich verbindet. Je weiter das Herz eines Menschen auf Erden wurde, um so umfassender und tiefer ist die Liebesvereinigung mit Gott in der Ewigkeit.

In diese vertraute Zweisamkeit mit Gott kann nichts Unheiliges eingehen. Auch der feinste, geheimste Egoismus, die geringste Unlauterkeit, wäre untragbar – für beide Seiten. Für die eine wäre dieser Makel eine ständige, ewige Beschämung, für die andere ein ständiges Hindernis, ihre Liebe unbegrenzt mitteilen zu können.

Immer, eine ganze Ewigkeit würde etwas zwischen Gott und seinem geliebten Geschöpf stehen. Deswegen muß dieses Hindernis im Feuer der Liebesreue und der Sehnsucht weggebrannt werden. Es genügt nicht, daß der Kern des Menschen gut ist. In all seinen vielen Schichten muß er untadelhaft sein.

Wer das Leben der Heiligen kennt, der weiß, welch dunkle Nächte sie durchschreiten, welch bitteren Läuterungsprozeß sie durchstehen mußten, ehe Gott sie ganz an sich ziehen konnte.

Er weiß jedoch genauso, daß tiefer Friede und große Freude im Seelengrund dieser werdenden Heiligen auch in den Nächten der Läuterung herrschten und daß sie in all diesem Leid Gottes Trost erfuhren.

Die Seelen im Läuterungsort sind sich schmerzvoll ihrer Makel bewußt und leiden bitter unter der selbstverschuldeten Trennung von Gott. Sie wissen sich aber trotz allem von ihm geliebt und auserwählt zum ewigen Leben mit ihm. Das spendet ihnen tiefe Freude und echten Frieden mitten im Leid. In gewisser Beziehung sind sie glücklicher als wir. Zudem kennt und findet Gott in seiner Liebe zu ihnen gewiß noch andere Wege, ihnen Trost und Linderung im Leiden zu senden. Auch unser Gebet und Opfer vermag ihnen zu helfen.

Jacinta plaudert aus

Gott bedient sich bisweilen menschlicher Schwächen und Unzulänglichkeiten, seine Pläne zu verwirklichen. Gerade auch dadurch beweist er sich als der Herr der Geschichte. Es war sein Wille, daß die Engelerscheinungen zunächst unbekannt blieben. Sie sollten vorerst nur der Vorbereitung jener drei Kinder dienen. So legte er einen Riegel vor ihren Mund, und die Kinder schwiegen. Die Muttergottes-Erscheinungen jedoch hatten von Anfang an weniger einen persönlichen Charakter als vielmehr eine öffentliche, weltweite, heils- und zeitgeschichtliche Bedeutung. Darum durfte dieses Ereignis nicht verborgen bleiben. So nahm Gott den Riegel vom Munde der Kinder und verlieh ihnen »mitteilsame Begeisterung«.

Lucia und Francisco blieben gleichwohl dem treu, was sie sich in ihrer Klugheit und Demut vorgenommen hatten, doch nicht so Jacinta.

Als die Kleine ihre Mutter erblickte, konnte sie ihr Glück nicht mehr für sich behalten:

»Mama, ich habe heute in der Cova da Iria die Muttergottes gesehen!«

»Was sagst du da? Bist du denn verrückt geworden? Bist du etwa so heilig, daß dir die Gottesmutter erscheint?«

Jacinta senkte zuerst beschämt ihr Köpfchen, doch dann beteuerte sie: »Aber Mama, ich habe sie wirklich gesehen!« Bald darauf fügte sie hinzu: »Jetzt gehe ich mit Francisco den Rosenkranz beten. Die Gottesmutter hat es uns befohlen.« Und als sie dann vom Gebet zurückkam: »Wir müssen alle Tage den Rosenkranz beten. Die Madonna will es so.«

Beim Abendessen ließ die Mutter Jacinta noch einmal alles berichten, was geschehen sei, und Francisco blieb nichts anderes übrig, als seiner Schwester zuzustimmen.

Am nächsten Morgen, gleich bei der ersten Begegnung, erzählte Francisco Lucia alles, was sich zu Hause zugetragen hatte. Wortlos hörte sich die Wortbrüchige die Anklage an. Und als dann Lucia bemerkte: »Siehst du, ich habe es mir doch gedacht«, entgegnete Jacinta unter Tränen: »Ich hatte hier drinnen etwas, was mich nicht schweigen ließ.«

»Nun, weine nicht und erzähle jetzt wenigstens keinem mehr, was uns die Dame gesagt hat.«

»Ich hab's schon gesagt.«

»Und was hast du gesagt?«

»Ich sagte, die Dame habe uns versprochen, uns in den Himmel zu nehmen.«

»Und gleich mußt du's erzählen!«

»Verzeih mir, keinem sage ich mehr etwas!«

Aber es war bereits zu spät. Frau Marto hatte alles ihrer Schwägerin, der Mutter Lucias, und was entscheidender war, ihrer Nachbarin berichtet. Darauf ging diese Nachricht wie ein Lauffeuer durch das ganze Dorf, weckte Kopfschütteln, Spott und bissige Bemerkungen über diese »Betrüger« und diese Eltern, die ihre Kinder nicht vernünftig erziehen könnten.

Als Lucia am Abend von der Weide nach Hause kam, waren aller Friede und alle Freude dahin. Ihr Leidensweg im Elternhaus bahnte sich an und sollte immer schmerzlichere Ausmaße annehmen. Diesmal kam sie gerade noch so an Ohrfeigen vorbei. Diesmal begnügte sich die Mutter noch mit der Bemerkung: »Wir werden noch miteinander abrechnen!«

Als dann aber das Gerede im Dorfe immer beleidigender wurde, hielt es Frau Santos nicht mehr aus und suchte Hilfe beim Ortspfarrer, der zunächst sehr vernünftig reagierte. »Aber wenn es wahr wäre«, so versuchte er die aufgebrachte Mutter zu beruhigen, »dann wäre es doch eine sehr große Gnade für Sie, und alle würden Sie beneiden.«

»Wenn es wahr wäre – doch das kann ja nicht wahr sein! Wenn Lucia anfängt zu lügen! – Es ist das erste Mal, daß sie lügt: aber ich werde sie schon lehren, die Wahrheit zu sagen!«[37]

Und die Lektion zu Hause erfolgte. Diesmal nicht nur mit Worten! Mit aller Gewalt, mit Schlägen und Schelten versuchte Frau Santos ihre Tochter zum Eingeständnis ihrer »Lüge« zu zwingen. Die Szene muß sich wohl am Abend abgespielt haben, als Lucia von der Weide heimkam.

Am nächsten Morgen, gleich beim Wecken, ging der Kampf der Mutter weiter: »Lucia, du stehst jetzt sofort auf, gehst zu den Nachbarn und gestehst ihnen, daß du uns alle belogen hast! Verstanden?«

Aber die Mutter konnte machen, was sie wollte, drohen, schlagen, bitten oder schmeicheln, nichts verfing.

Das immer so gehorsame Kind blieb einerseits entschieden bei seiner Aussage, ließ sich jedoch andererseits durch nichts die Ehrfurcht vor seiner aufgebrachten Mutter rauben. Leider erkannte diese den so heroischen Zug im Verhalten ihrer Tochter nicht.

Als Frau Santos einsah, daß vorerst nichts zu erreichen war, schloß sie erzürnt: »Noch nie habe ich meinen Kindern eine Lüge durchgehen lassen, und einen solchen Betrug kann ich schon gar nicht verzeihen. Heute abend gehst du zu allen, die du belogen hast, um dein Unrecht zu gestehen und sie um Verzeihung zu bitten.«[37] Dann schickte sie das Mädchen mit den Schafen zur Weide.

So zog denn Lucia niedergeschlagen los. Tränenüberströmt kam sie bei Francisco und Jacinta an. Diese beiden hatten zu Hause auch keinen begeisterten Glauben gefunden, wenngleich Vater Marto später behauptete, er habe nie an der Ehrlichkeit seiner Kinder gezweifelt. Jedenfalls haben Martos ihre beiden Jüngsten nicht hart angefaßt. So ahnten diese auch nicht, wie es ihrer Cousine daheim ergangen war.

»Warum weinst du, was ist dir passiert?«

»Die Mutter will mich zwingen, zu sagen, daß ich gelogen habe; aber wie kann ich das?«[38]

»Siehst du«, sagte Francisco vorwurfsvoll zu Jacinta, »das ist deine Schuld. Warum hast du es erzählt?«

Da kniete die Kleine unter Tränen nieder, faltete ihre Hände und sagte weinend:

»Verzeiht mir bitte! Ich habe Unrecht getan; aber ich werde jetzt niemandem mehr jemals etwas sagen.«

Diesmal blieb Jacinta ihrem Versprechen treu. Als einige Zeit danach der Pfarrer die Kinder verhörte, senkte Jacinta nur den Kopf, wie sie es von jetzt an immer hielt, wenn sie keine Auskunft geben wollte. Trotz größter Mühe gelang es dem Pastor nicht, mehr als zwei, drei Worte aus der Kleinen herauszubekommen. »Warum wolltest du denn dem Pfarrer nicht antworten?« erkundigte sich hinterher Lucia.

»Weil ich dir versprochen habe, jetzt keinem mehr etwas zu sagen.«

Wie soll ein siebenjähriges Kind auch entscheiden können, wo man reden und wo man schweigen muß? Dieses außergewöhnliche Charisma Lucias hatte Jacinta noch nicht.

Es mag dem Leser aufgefallen sein, daß die Kinder bisweilen von »jener Dame« sprechen, bisweilen von der Madonna. Bernadette von Lourdes hatte konsequent immer nur von der »Dame« gesprochen, bis diese sich als die »Unbefleckte Empfängnis« zu erkennen gab. Die Seher von Fatima ließen diese Umsicht nicht walten. Lucia berichtet, daß sie manchmal von der »Dame« redeten, manchmal aber auch von der »Gottesmutter« bzw. der »Madonna« oder »Unserer Lieben Frau«.

Nach den vorausgegangenen Engelerscheinungen war den Kindern wohl klar, daß sie es jetzt mit einem noch höheren Wesen als mit einem Engel zu tun hatten.

Zudem fehlte ihnen, zumal der Siebenjährigen, noch die Reife der bedeutend älteren Bernadette.

Die Gnade, die Maria in die Herzen der Kinder gesenkt hatte, war nicht wie ein Strohfeuer, das hell aufleuchtet, um bald wieder zu erlöschen. Es war wie eine Feuersglut, die einen Teil des Herzens entzündet hatte und immer weiter griff. Maria war gekommen, Feuer auf die Erde zu senden, und – es brannte.

Als die kleinen Hirten wieder einmal, wie alle Tage, auf der Weide ankamen, setzte sich Jacinta nachdenklich auf einen Stein.

»Jacinta, komm doch spielen!«

»Nein, heute möchte ich nicht.«

»Warum denn nicht?«

»Weil ich nachdenken will. Jene Dame hat uns gesagt, daß wir den Rosenkranz beten und Opfer bringen sollen für die Bekehrung der Sünder. Wenn wir jetzt den Rosenkranz beten, dann müssen wir aber das »Gegrüßet seist du Maria« und das »Vater unser« immer ganz beten. Und die Opfer – wie sollen wir sie nur bringen?«

Der findige Francisco war schnell mit einem großherzigen Vorschlag, von dem noch berichtet wird, zur Hand, und alle gingen freudig darauf ein.

Opfer sind wie Sauerstoff in die Glut der Liebe. »Die Liebe nährt sich von Opfern. In dem Maße, wie die Seele sich die Erfüllung, wozu die Natur drängt, versagt, wird ihre Zärtlichkeit stark und uneigennützig«,[39] sagt Theresia von Lisieux. Liebe lebt vom Opfer und stirbt an Opferscheu. Maria hatte das Interesse am Heile anderer in die Herzen der Kinder gesenkt. Ganz besonders in Jacinta war das Bangen um die Sünder erwacht und nahm immer schmerzvollere, immer leidenschaftlichere Formen an.

Zunächst fehlten der Kleinen noch klare Begriffe über Himmel, Hölle und Ewigkeit:

»Jene Dame hat auch gesagt, daß viele Seelen in die Hölle kommen. Was ist denn die Hölle?«

»Das ist eine Höhle voll Ungeziefer«, so erklärt Lucia, wie sie es von der Mutter im Bilde mittelalterlicher Höllendarstellungen gelernt hatte, »und mit einem sehr großen Scheiterhaufen. Dorthin kommt, wer Sünden begeht und nicht beichtet! Und er bleibt dort immer am Brennen.«

»Und kommt er denn von dort niemals mehr heraus?«

»Nein!«

»Und nach vielen, vielen Jahren?«

»Nein, die Hölle hört niemals auf.«

»Und der Himmel auch nicht?«

»Wer in den Himmel kommt, verläßt ihn niemals mehr.«

»Und wer in die Hölle kommt, auch nicht?«

»Siehst du nicht, daß sie ewig sind, daß sie niemals aufhören?«

Der Gedanke von der Ewigkeit der Hölle ließ die Kleine fortan nicht mehr los. Selbst beim Spiel fragte sie ab und zu:

»Aber sieh mal! Nach vielen, vielen Jahren, hört dann die Hölle immer noch nicht auf?«

Oder sie unterbrach ein schönes Spiel plötzlich mit folgenden oder ähnlichen Bemerkungen: »Und jene Leute, die dort brennen, sterben sie nicht? Und werden sie nicht zu Asche? Und wenn man viel für diese Sünder betet, befreit sie unser Herr dann von dort? Und mit unseren Opfer auch nicht? Die Armen! Wir müssen beten und viele Opfer für sie bringen.« Bisweilen fügte sie hinzu: »Wie gut jene Dame ist! Sie hat uns schon versprochen, uns in den Himmel mitzunehmen.«

Zur zweiten Erscheinung der Gottesmutter

12. Juni 1917 – Vortag des Antoniusfestes

Der Monat Mai verging, der 13. Juni rückte näher. Spott und Schelte der Leute ließen die Kinder nicht unberührt; aber die freudige Erwartung des Wiedersehens mit der so schönen, liebevollen Dame war größer als aller Kummer. Mit stiller, freudiger Ungeduld fingen Lucia und ihre Gefährten an, die Tage zu zählen, die sie noch von jener Stunde trennten. Ihre einzige Sorge war: »Wird man es uns erlauben, hinzugehen?«

So kam der 12. Juni, der Vortag nicht nur der verheißenen Erscheinung, sondern ebenso des St.-Antonius-Tages, eines hohen Festtages in ganz Portugal; denn Antonius von Padua lebte und starb zwar in besagter italienischer Stadt, war aber gebürtig ein Portugiese. Ganz besonders gefeiert wurde sein Fest in Fatima – mit feierlichem Gottesdienst, Jahrmarkt, Kirmes und Tanz. Der Antoniustag war wohl das größte Volksfest im Jahresablauf von Fatima; denn Antonius von Padua war der Kirchenpatron.

»Mama, geh morgen nicht zum Antoniusfest!« bat Jacinta am Vorabend recht herzlich ihre Mutter. »Komm lieber mit uns zur Cova da Iria, damit du auch die Madonna siehst.«

»Was bildest du dir ein! Du wirst genausowenig hingehen! Es ist auch zwecklos; denn die Gottesmutter wird dir bestimmt nicht erscheinen.«

»Doch Mama, ganz gewiß. Die Madonna hat uns gesagt, daß sie kommen wird. Und dann kommt sie auch!«

»Also du willst nicht zum Antoniusfest?«

»Nein, der heilige Antonius ist nicht schön.«

»Na so was, warum denn?«

»O, die Madonna ist viel, viel schöner! Ich werde mit Lucia und Francisco zur Cova da Iria gehen. Und wenn uns dann die schöne Dame sagt, wir sollten auch zum hl. Antonius, dann gehen wir.«

Am nächsten Morgen in aller Frühe machten sich die Eheleute Marto auf, zum Jahrmarkt. Sie wollten damit wohl vor allen Leuten demonstrieren, daß sie vom Gerede ihrer Kinder nicht voll überzeugt seien. In den Weg legten sie den beiden Kleinen jedoch nichts. Sie verhielten sich so, als ginge sie die Sache nichts an.

Bei Santos lief alles anders ab. Den Weg zur Cova versperrte Frau Maria Rosa jedoch auch nicht. Im Gegenteil! Da sie wußte, wie sehr Lucia Volksfeste liebte und wie gerne sie tanzte, war sie sehr gespannt, was kommen würde. Und als sie dann merkte, daß Lucia fest entschlossen blieb, zur Cova zu gehen, wäre sie zu gerne mitgegangen, um alles zu beobachten. Doch die Blamage mit eigenen Augen miterleben!? Dazu reichte der Mut nicht aus. So beauftragte sie ihre größeren Kinder, zu sehen, was sich in der Cova da Iria abspiele. Im übrigen ließ sie Lucia spürbar links liegen. Ihre anderen Töchter folgten Mutters Beispiel.

Lassen wir nun Lucia selbst berichten: »Ich ließ also früh am Morgen (des 13. Juni) meine Herde hinaus in der Absicht, sie um 9 Uhr wieder in den Stall zu sperren, um 10 Uhr zur hl. Messe zu gehen und anchließend zur Cova da Iria. Aber kurz nachdem die Sonne hervorgekommen war, rief mich mein Bruder, ich solle nach Hause kommen, denn es seien verschiedene Leute da, die mich sprechen wollten. So blieb er bei der Herde, und ich ging, um zu sehen, was man von mir wollte.

Es waren einige Frauen und Männer, die aus Minde kamen, aus der Gegend von Tomar, Carrascos, Boleiros etc. (Ortschaften im Umkreis von 25 km) und die mich zur Cova da Iria begleiten wollten. Ich sagte ihnen, es sei noch früh, und lud sie ein, mit mir zur Acht-Uhr-Messe zu gehen. Danach ging ich nach Hause ...

Meine Mutter und meine Schwestern behielten ihre Haltung der Verachtung bei, die mir wirklich sehr naheging und mich soviel kostete wie die Beleidigungen ...

An diesem Tage fühlte ich mich äußerst verbittert: Ich sah meine betrübte Mutter, die mich um jeden Preis zwingen wollte, meine Lüge zu bekennen, wie sie sagte. Ich hätte sie gern zufriedengestellt und fand keinen Weg, ohne jetzt zu lügen.«[40]

13. Juni 1917 – Erste Zeichen der Echtheit

Gegen 11 Uhr des 13. Juni brach Lucia in der zuvor geschilderten Stimmung auf, ging am Hause ihres Onkels vorbei und holte Francisco und Jacinta ab. Dann pilgerten sie, gefolgt von den Leuten, die aus der Umgebung gekommen waren (etwa 50 Personen), zum Erscheinungsort. An der großen Steineiche, an der sie bei der ersten Erscheinung den zweiten Blitzstrahl hatten aufleuchten sehen, etwa 50 m von der kleinen Steineiche der Erscheinung entfernt, blieben die Kinder stehen, knieten nieder und beteten den glorreichen Rosenkranz. Danach rückte Lucia das Kopftuch zurecht, so wie es die Frauen dort vor dem Betreten einer Kirche taten. Francisco und Jacinta wollten noch einen zweiten Rosenkranz beginnen, doch Lucia entgegnete: »Es hat bereits geblitzt, nun kommt die

Dame.« Darauf läuft sie zur Steineiche, Francisco und Jacinta folgen ihr.

Die Leute sehen, wie sich die zarten Äste des Bäumchens biegen und während der ganzen Zeit der Erscheinung in dieser Lage bleiben, so als ob jemand auf dem Bäumchen stünde. Einige vernehmen auch eine zarte Stimme, gleich dem Summen einer Biene, ohne daß jedoch ein Wort zu verstehen ist.

Nur Lucia hören sie mit einem ihnen unsichtbaren Gegenüber vernehmlich reden.

Die drei Kinder jedoch erleben heute schon das Herannahen Marias bewußter. Sie sehen, wie sich ein heller Lichtglanz von Osten her nähert, und erblicken schließlich in ihm, wie vor einem Monat, die schöne Frau vor sich auf der Steineiche. Zehn Minuten existiert nun für die kleinen Seher diese Welt nicht. Sie leben in einer anderen, im Gegenüber mit dieser überirdischen, hoheitsvollen Lichtgestalt, die sie in ihren Glanz hüllt und alle ihre Sinne fesselt.

Ekstase, Verzückung, zwei abgegriffene Worte, zu oft banal gebraucht! Darum wählt man sie nur ungern für einen so außerordentlichen, erhabenen, nahezu übernatürlichen Zustand. Aber es gibt keine anderen Worte dafür. Wir müssen uns ihrer bedienen.

Lucia faltet wie zum Gebet die Hände und beginnt: »Sie (an sich hat Lucia nach portugiesischem Brauch Maria immer mit »Ihr« angeredet) haben mich gebeten, Senhora, hierher zu kommen. Ich möchte Sie bitten, mir zu sagen, was Sie wünschen.«

»Ich möchte, daß ihr am 13. des kommenden Monats hierher kommt, daß ihr weiterhin alle Tage den Rosenkranz betet und daß ihr lesen lernt. Später werde ich euch sagen, was ich noch weiter wünsche.«

Darauf bat Lucia um die Heilung eines Kranken, den man ihrem Gebet empfohlen hatte.

»Wenn er sich bekehrt«, versprach Maria, »wird er in diesem Jahr gesund werden.«

Dann äußert Lucia persönlich für sich, für Francisco und Jacinta eine Bitte – nicht um Gesundheit, Glück und langes Leben. Sie hat einen anderen Wunsch: »Ich möchte Sie bitten, uns in den Himmel mitzunehmen.«

»Ja, Jacinta und Francisco werde ich bald holen. Du jedoch mußt noch einige Zeit hier bleiben. Jesus möchte sich deiner bedienen, damit die Menschen mich kennen und lieben lernen. Er möchte die Verehrung meines Makellosen Herzens in der Welt begründen. Wer sie übt, dem verspreche ich das Heil; diese Seelen werden von Gott bevorzugt werden wie Blumen, die ich vor seinen Thron bringe.«[41]

»So muß ich allein hier bleiben?«

»Nein, mein Kind! Leidest du sehr? Verliere den Mut nicht. Ich werde dich niemals verlassen. Mein Makelloses Herz wird deine Zuflucht sein und der Weg, der dich zu Gott führt.«[42]

»In dem Augenblick«, schreibt Lucia, »als sie diese letzten Worte sagte, öffnete sie die Hände und übermittelte uns zum zweiten Male den Widerschein jenes unermeßlichen Lichtes. Darin sahen wir uns wie in Gott versenkt. Jacinta und Francisco schienen in dem Teil des Lichtes zu stehen, der sich zum Himmel erhob, und ich in dem Teil, der sich über die Erde ergoß. Vor der rechten Handfläche Unserer Lieben Frau befand sich ein Herz, umgeben von Dornen, die es zu durchbohren schienen. Wir verstanden, daß dies das Makellose Herz Mariä war, verletzt durch die Sünden der Menschheit, das Sühne wünscht.«[43]

In einem anderen Bericht an ihren Bischof schreibt Lucia dazu: »Es scheint mir, daß das Licht an diesem Tage hauptsächlich den Zweck hatte, uns die Erkenntnis und die besondere Liebe zum Makellosen Herzen Mariens einzugießen, so wie das in den beiden anderen Fällen hinsichtlich Gottes und des Geheimnisses der Allerheiligsten Dreifaltigkeit geschah ... Von diesem Tage an fühlten wir in unserem Herzen eine stärkere Liebe zum Makellosen Herzen Mariens.«[44]

Nach dieser Lichtvision beginnt Maria, davonzuschweben. Die anwesenden Leute vernehmen ein lautes Tosen, so, als ob in der Ferne eine Rakete explodierte, oder hören, wie andere sich im Prozeß ausdrückten, einen unterirdischen Donner aus der Richtung der Steineiche. Die Äste dieses Bäumchens richten sich wieder auf, ihre Blätter werden wie von einem unsichtbaren Mantelsaum nach Osten gestreift. Im selben Augenblick erhebt sich von der Steineiche eine kleine Wolke, die in den Himmelsraum hineinzieht.

Zugleich hört man Lucia rufen: »Wenn ihr sie sehen möchtet, dort ist sie – da –!« Hierbei weist sie mit dem Finger auf das dahinziehende Wölkchen.

Gebannt folgen ihm die Blicke der Kinder. Sie sehen jedoch keine Wolke, sondern eine Lichtbahn, die mit ihrem Glanz den Himmel zu öffnen scheint. Schließlich ruft Lucia: »Nun ist's vorbei! Der Himmel ist geschlossen.«[45] Im selben Augenblick ist für die Umstehenden das Wölkchen nicht mehr zu sehen!

Auf dem Heimweg empfahl Lucia allen, die mitgekommen waren, in der Familie den Rosenkranz zu beten. Die Madonna wünsche es so.

Die Ereignisse der Cova da Iria wurden nun auf dem Antoniusfest weitererzählt und wurden so in der ganzen Gegend bekannt. Aber verständlicherweise ließen sich nur wenige von der Echtheit der Erscheinungen überzeugen.

Vorspiegelungen des Teufels?

Das Schicksal begnadeter Menschen wird oft dem Schicksal dessen ähneln, der gesagt hat: »Haben sie mich verfolgt, werden sie auch euch verfolgen.«

So wie unser Herr bei seinen Verwandten auf Unglauben stieß, so wie diese meinten, er sei von Sinnen, wie ihn die Volksmassen und viele seiner Jünger in Kapharnaum kopfschüttelnd verließen, wie manche von denen, die »Hosanna« gerufen und sich nach Pfingsten zu ihm bekannten, am Karfreitag »Kreuzige ihn!« geschrien hatten, und so, wie insbesondere die Bösen ihn mit unversöhnlichem Hasse verfolgten, so ähnlich ging und geht es mehr oder weniger all denen, die sich vorbehaltlos bemühen, in die Fußstapfen ihres und unseres Herrn zu treten.

Es trifft sie nicht selten ein ähnliches Schicksal, weil sie ähnlich wie er handeln, denken und sind. Sie werden verkannt, weil sie, wie er, den Vorstellungen der Menschen nicht entsprechen. Sie werden nicht erkannt, weil sie, verborgen wie er, ihre Heiligkeit nicht zur Schau stellen. Sie werden nicht anerkannt, weil man, stolz und überheblich, keinen über sich sehen möchte. Sie werden gehaßt, weil ihre Heiligkeit, so wie die Seine, ein offener Vorwurf ist für ihre Halbheit oder Bosheit und werden bekämpft, weil sie es ebenso wie er wagen, gegen den »Fürsten dieser Welt« anzutreten.

Deswegen mobilisiert dieser alle Bosheit der Welt gegen sie – auch das Böse in den »Halbguten«. Und so, wie er sich nicht scheute, »dem« Heiligen in der Wüste etwas vorzugaukeln, so schreckt er noch weniger davor zurück, die Heiligen durch Phantasievorstellungen zu verwirren und zu ängstigen.

Es war erst nach einer der späteren Erscheinungen,

nach der Höllenvision, aber trotzdem ist die folgende Begebenheit bereits jetzt charakteristisch für die Situation der drei Seher:

Sie waren mit ihren Schafen auf der Weide. Lucia und Jacinta spielten, sprangen von Fels zu Fels, riefen hinunter ins Tal und lauschten dann dem Echo. Francisco zog sich, wie er es gerne tat, in eine Felsenhöhle zurück, um zu beten. Da, nach geraumer Zeit, ein Aufschrei Franciscos; so, als ob er von einer furchtbaren Gefahr bedroht würde, schreit er um Hilfe und ruft zur Gottesmutter. Voller Angst, es sei ihm etwas zugestoßen, machen sich die beiden auf die Suche:

»Francisco, wo bist du?«

»Hier, hier!«

Die Mädchen suchen da und dort, rufen und rennen, bis sie ihn schließlich in einer Höhle entdecken. Zitternd vor Schrecken, liegt er dort auf den Knien, vor Angst unfähig, aufzustehen.

»Was hast du, Francisco, was ist los?«

Mit bebender, vor Schrecken halb erstickter Stimme antwortet er:

»Es war eines von jenen riesigen Tieren aus der Hölle hier, das gegen mich Feuer spie.«

Lucia und Jacinta schauen sich um, sehen natürlich nichts, lachen und meinen:

»Du wolltest nie an die Hölle denken, um keine Angst zu kriegen. Jetzt bist du der erste, der sie bekommen hat.«

Dieses Erlebnis Franciscos erinnert an ein Bild der Offenbarung des hl. Johannes:

»Ein großes Zeichen war am Himmel zu sehen:

eine Frau, bekleidet mit der Sonne ...

Und noch ein anderes Zeichen erschien am Himmel:

ein großer, feuerroter Drache ...

Da spie die Schlange aus dem Rachen Wasser nach der Frau, einem Strome gleich, damit der Strom sie mit sich reiße. Jedoch die Erde kam der Frau zu Hilfe. Die Erde öffnete den Mund und verschlang den Strom ... Da geriet der Drache über jene Frau in Zorn, und er ging hin, mit ihren anderen Kindern Krieg zu führen.«[46]

Der Spott der Leute und der Familienterror gegen Lucia waren ein erster Angriff – ein kleines »Vorgeplänkel«, aber heftig genug für das zehnjährige Mädchen. Mit aller Gewalt versuchte Frau Santos weiterhin, ihre Tochter zum Widerruf zu zwingen, und wieder einmal sollte der Pfarrer dabei Hilfestellung leisten:

»Morgen gehen wir in der Frühe zur Messe. Dann gehst du zum Haus des Pfarrers. Er soll dich zwingen, die Wahrheit einzugestehen, koste es, was es wolle: er soll dich strafen, er soll mit dir machen, was er mag, nur daß er dich dazu zwingt, zu gestehen, daß du gelogen hast; und ich werde zufrieden sein.«[47]

Lucias Geschwister »bliesen«, wie immer, »ins gleiche Horn« und »erfanden unzählige Drohungen«, ihrer Schwester vor dem Verhör des Pfarrers Schrecken einzujagen.

Am nächsten Morgen ging es dann zuerst zur hl. Messe. Die Mutter wortlos voran, die Tochter, am ganzen Leib zitternd, hinterher. Bei der hl. Messe opferte das geprüfte Kind alle Leiden Gott auf. Nach dem Gottesdienst führte der Weg, wie zuvor, in bitterem Schweigen zum Pfarrhaus. An seinen Stufen drehte sich die Mutter zu Lucia um. Barsch und hart herrschte Frau Santos noch einmal ihre Tochter an:

»Ärgere mich nun nicht mehr! Gestehe jetzt dem Pfarrer, daß du gelogen hast, damit er am Sonntag in der Messe bekanntgeben kann, daß alles Lüge war, und damit ist die Sache dann erledigt. Ist denn so etwas möglich?! Alle Leute laufen zur Cova da Iria, um dort vor einer Steineiche zu beten!«[48]

Das Verhör des Pfarrers verlief zur großen Erleichterung Lucias, wenn auch gründlich bis zur Peinlichkeit, so doch recht gütig.

Aber was er zum Schluß der Mutter sagte, wurde für Lucia mehr und mehr zur Seelenqual: »Es scheint mir keine Offenbarung des Himmels zu sein. Wenn eine solche gegeben wird, schickt der Herr gewöhnlich den Menschen, dem er sich mitteilt, zu seinem Beichtvater oder Pfarrer, damit er Rechenschaft über alles ablege. Diese hier aber zieht sich zurück, wo sie nur kann. Es kann eine Täuschung des Teufels dahinter stehen; wir wollen mal abwarten; die Zukunft wird zeigen, was davon zu halten ist.«[49]

»Eine Täuschung des Teufels!« Dieses Wort des Seelsorgers bohrte sich Lucia ins Herz und ließ ihr keine Ruhe mehr. Vielleicht, so bangte sie, möchte der Teufel sie tatsächlich durch diese Vorspiegelungen an sich ziehen und ins Verderben zerren. Sagt man nicht von ihm, er würde überall Unfrieden stiften? Und wie sieht es doch seit den Erscheinungen zu Hause aus? Aller Friede und alle Freude sind dahin!

In ihrer Seelennot wendet sich Lucia an ihre beiden Gefährten und klagt ihnen ihre Sorgen und Ängste.

»Es ist bestimmt nicht der Teufel«, entgegnet Jacinta kindlich, »nein, bestimmt nicht! Man sagt, der Teufel würde sehr häßlich aussehen und sei unter der Erde in der Hölle. Und diese Dame war so schön, und wir sahen sie doch zum Himmel auffahren!«[50]

Der etwas ältere Francisco verweist Lucia auf die Gottesvision:

»Wie kannst du nur denken, es wäre der Teufel gewesen! Hast du Unsere Liebe Frau und Gott denn nicht in jenem großen Licht gesehen?«[51]

Diese Worte linderten vorübergehend die Zweifel Lucias, befreiten sie jedoch nicht davon. Ihr Eifer für Opfer und Selbstüberwindungen erlahmte. Auch wurde der Gedanke in ihr wach und immer stärker, durch den Widerruf »Ich habe gelogen« allem Ärger und allen Seelenängsten ein Ende zu machen. Als sie vor Francisco und Jacinta davon sprach, warnten diese eindringlich: »Mach das nur nicht! Weißt du nicht, daß du dann lügst und daß Lügen eine Sünde ist?«

Die Ängste Lucias steigerten sich schließlich immer mehr und verfolgten sie bis in den Schlaf. Eines Nachts hatte sie einen Traum, der Ausdruck ihrer Not war und sie in noch tieferes Dunkel trieb.

»Ich sah im Schlaf den Teufel«, so berichtet sie uns, »wie er darüber lachte, daß er mich getäuscht hatte; er bemühte sich, mich in die Hölle zu zerren. Als ich mich in seinen Krallen fand, begann ich dermaßen zu schreien und nach Unserer Lieben Frau zu rufen, daß meine Mutter erwachte. Erschrocken fragte sie, was ich hätte. Ich weiß nicht mehr, was ich geantwortet habe. Ich erinnere mich nur, daß ich in jener Nacht nicht mehr schlafen konnte, da ich vor Angst wie gelähmt war.

Dieser Traum hat in meinem Geist eine Wolke wahrer Angst und Sorge zurückgelassen. Meine einzige Erleichterung bestand darin, mich in einer einsamen Ecke auszuweinen. Ich begann sogar, gegen die Gesellschaft meines Vetters und meiner Cousine einen Widerwillen zu hegen, und wich ihnen aus. Arme Kinder! Manchmal suchten sie mich und riefen nach mir, und ich war in der Nähe und antwortete nicht, versteckt in einer Ecke, in die sie nicht schauten.«[52]

Der 13. Juli rückte heran. In Lucia reifte der Entschluß, nicht zur Cova da Iria zu gehen. Schließlich war ihre Entscheidung getroffen: Nie mehr dorthin!

Francisco und Jacinta mögen tun, was sie wollen; aber wenn sie gehen, dann ohne mich!

Am 12. Juli teilte Lucia ihren Gefährten den Entschluß mit. Jacinta begann zu weinen, ließ sich aber nicht beirren:

»Wir aber gehen! Denn jene Dame hat uns befohlen, zu kommen!«

»Wie können wir ohne dich dorthin gehen, da du es doch bist, die mit der Dame sprechen muß«, versuchte Francisco Lucia umzustimmen. Aber alles Bitten war vergeblich.

»Dann werde ich selbst mit der Dame sprechen«, bot sich die Kleinste beherzt an.

»Wenn die Dame nach mir fragt«, schloß Lucia das Gespräch, »sage ihr, ich sei nicht gekommen, weil ich Angst habe, sie könne der Teufel sein.«

Dann ließ Lucia Francisco und Jacinta stehen, ging fort und versteckte sich den ganzen Nachmittag hinter einem Gebüsch, um sich damit zugleich auch den Fragen der Neugierigen zu entziehen. »Das Unglück wollte es«, daß nun die Mutter nach ihr suchte – bis zum Abend vergeblich suchte. Der Empfang war dann entsprechend »herzlich«:

»So etwas nennt man eine Heilige aus wurmstichigem Holz! Die ganze Zeit, die ihr nach dem Schafhüten bleibt, verbringt sie beim Spiel; und auch noch so, daß niemand sie findet!«

Nach dem Abendbrot, es war schon Nacht, kam Francisco, rief Lucia zur Tenne und redete noch einmal auf sie ein:

»Hör, Lucia! Kommst du morgen?«

»Ich gehe nicht. Ich habe euch schon gesagt, daß ich nie mehr hingehe.«

»Aber das ist doch so schade! Warum denkst du jetzt nur so? Siehst du nicht ein, daß es nicht der Teufel sein kann? Gott ist schon so traurig wegen der vielen Sünden, und wenn du jetzt nicht erscheinst, dann wird er noch trauriger sein. Los, Lucia, komm!«

»Ich hab dir schon gesagt, und ich bleibe dabei, daß ich nicht gehe. Laß nun das Bitten.«

Damit rannte sie ins Haus zurück. Francisco aber weinte und verharrte mit Jacinta die ganze Nacht im Gebet mit der Bitte, daß die Gottesmutter Lucias Sinn ändere.

Zur dritten Erscheinung der Gottesmutter

13. Juli 1917 – Eine ernste Botschaft

Wer die Geschichte der Erscheinungen von Lourdes kennt, wird einige Ähnlichkeiten zu Fatima feststellen: die schöne Dame, der Bernadette das Aussehen einer 17jährigen, Lucia das einer 15–18jährigen zuschrieb, die Verfolgung, die die Seher erleiden mußten, und, unter manchem anderen noch, die Bedenken, alles könne ein Trugspiel des Teufels sein. Bei Bernadette blieben diese Erwägungen jedoch theoretischer Natur. Es kam ihr überhaupt nicht in den Sinn, die Grotte zu meiden. Schlicht und beherzt, wie sie war, nahm sie Weihwasser mit, sprengte es nach jener »wunderschönen Dame« und sagte: »Kommen Sie aus der Hölle, dann weichen Sie, kommen Sie vom Himmel, dann bleiben Sie bitte.« Und während Bernadette immer heftiger Weihwasser sprengte, lächelte Maria ihr liebenswürdig zu.

In diesem Lächeln der Gottesmutter zeigt sich ein scheinbar belangloser, in Wirklichkeit jedoch keineswegs nebensächlicher Unterschied zwischen Lourdes und Fatima.

Nach den Aussagen der Seher von Fatima hat Maria sich zwar immer zutrauenerweckend, unsagbar liebenswürdig gezeigt; aber gelächelt hat sie, wie die Kinder ausdrücklich sagen, nie, während sie in Lourdes öfter Bernadette zugelächelt oder liebenswürdigmütterlich über sie »geschmunzelt« hat.

Über der Botschaft von Fatima liegt ein tiefer, ja erschütternder Ernst.

Bereits am Abend des 12. Juli 1917 war Aljustrel

voller Fremder – Pilger oder Neugieriger –, die zum Teil von weither kamen. Sie ahnten nichts von den Ängsten Lucias und ihrer Entscheidung und wußten nicht, daß sie vergeblich gekommen sein könnten, denn so entschlossen die zwei Kleinen auch waren, ohne Lucia zur Cova da Iria zu gehen, so fraglich war es, ob sie wirklich den Mut dazu aufbringen würden.

Am 13. Juli 1917 gegen Mittag hatten sich in der »Mulde des Friedens« schon Tausende von Leuten eingefunden. Einige Zeugen gehen in ihrer Schätzung bis auf 4–5000. Die Kinder jedoch ließen auf sich warten. Lucia war ihrem Entschluß treu geblieben, und die beiden anderen trauten sich tatsächlich nicht, allein zu gehen. Doch »als die Stunde heranrückte, wo ich wieder dorthingehen sollte«, berichtet Lucia, »fühlte ich mich plötzlich von einer fremden Macht, der ich nicht widerstehen konnte, gedrängt.

Ich machte mich also auf den Weg und ging am Hause meines Onkels vorbei, um zu sehen, ob Jacinta noch dort war. Ich traf sie im Zimmer mit ihrem kleinen Bruder Francisco; beide knieten vor dem Bett und weinten.

›Geht ihr denn nicht?‹ fragte ich sie.

›Ohne dich haben wir nicht den Mut zu gehen!

Komm, geh doch bitte mit!‹

›Ja, ich gehe!‹, sagte ich.

Dann gingen sie heiteren Gesichtes mit mir.«[53]

Angesichts der Menschenmassen hielt es Vater Marto, der den Kindern im Gegensatz zu seiner Schwester, Frau Santos, einen gewissen Glauben schenkte, für angebracht, die Kleinen zu begleiten. Es war gut so; denn die Leute standen dicht gedrängt. Nur mühsam konnte man durch die Menge hindurch zur Cova gelangen. Herr Marto bahnte also den Kindern einen Weg und blieb dann während der ganzen

Erscheinung an ihrer Seite. Die beiden Mütter folgten von ferne und hielten sich angstvoll im Hintergrund in der Volksmenge verborgen.

Kurz nachdem die Seher an der Steineiche angekommen waren, beteten sie mit allen Anwesenden den Rosenkranz. Nach astronomischer Zeit genau 12 Uhr, nach der damaligen portugiesischen Zeit 14 Uhr, leuchtet wieder, nur den drei Kindern sichtbar, der helle Blitzstrahl auf, der stets das Kommen Marias ankündigte. Die anderen sehen, wie sich ein weißes Wölkchen über dem Erscheinungsort herabsenkt und wie sich das Sonnenlicht dämpft.

Die Mittagsglut hört auf zu brennen; ein frischer Wind schafft angenehme Erleichterung. Zudem hört man, ähnlich wie bei der letzten Erscheinung, während der ganzen Zeit der Vision ein leichtes Geräusch, das danach mit allen anderen Phänomenen verschwindet.

Doch nicht alle, vor allem nicht die Angehörigen der Seher, nehmen diese Zeichen wahr. Wer einen klaren Beweis für oder gegen die Echtheit der Erscheinungen suchte, ist wieder nicht auf seine Kosten gekommen.

Während die anderen nur andeutende Phänomene beobachten, sehen die drei Kinder wieder auf der Steineiche die wunderschöne weibliche Lichtgestalt. Diesmal bringt Lucia zunächst kein Wort über die Lippen. Sie steht noch ganz unter den quälenden Ängsten der vergangenen Wochen. Schweigend blickt sie auf zu der geheimnisvollen Frau.

Jacinta, der mit der Zeit das Schweigen peinlich wird, flüstert schließlich ihrer Cousine zu:

»Aber so sag doch was, Lucia! Siehst du nicht, daß die Dame schon da ist und mit dir sprechen möchte?«

Da rafft sich Lucia auf und stellt wie gewöhnlich die Frage:

»Was wünschen Senhora von mir?«

»Ich möchte, daß ihr am 13. des nächsten Monats wieder hierherkommt, daß ihr weiterhin täglich den Rosenkranz betet zu Ehren Unserer Lieben Frau, um den Frieden für die Welt und das Ende des Krieges zu erlangen, denn nur sie allein kann es erreichen.«[54]

»Ich möchte Sie bitten, uns Ihren Namen zu nennen und ein Wunder zu tun, damit alle glauben, daß Sie uns erscheinen.«

So ähnlich hatte in Lourdes Bernadette die Gottesmutter im Auftrag des Pfarrers gefragt. Auch er wollte von jener Dame den Namen wissen und ein Wunder haben, ein Rosenstrauch sollte mitten im Winter erblühen. Maria antwortete dort nur mit einem liebenswürdigen Lächeln. Hier in Fatima, fehlt dieses wieder. An Stelle dessen sagt die Gottesmutter den Kindern:

»Kommt nur weiterhin jeden Monat hierher. Im Oktober werde ich euch sagen, wer ich bin, was ich wünsche, und dann werde ich ein Wunder wirken, damit alle glauben.«

Nun folgen einige Bitten Lucias, die man ihr anvertraut hatte:

Ein Krüppel ließ um Befreiung von seinem Gebrechen und von seiner Armut beten.

Ein Kranker wünschte, entweder geheilt zu werden oder bald sterben zu dürfen.

Noch viele andere erbaten durch Lucia Hilfe in ihrer Not.

Wie es so oft mit unserem Bitten und Beten geht, so erging es auch Lucia und den Bittstellern. Nur erhielten sie hier klare Antworten, während wir oft im Dunkel weiterleben müssen, in einem Dunkel, das erhellt sein sollte vom Glauben und Vertrauen.

Den Krüppel, entgegnet Maria, werde sie nicht heilen und ihn auch nicht von seiner Armut befreien. Er solle lieber täglich mit seiner ganzen Familie den Rosenkranz beten. (Später allerdings hat er an der Gnadenstätte von Fatima – mit seiner Mutter – Beschäftigung gefunden und dort mit ihr ein bescheidenes, aber glückliches Leben geführt.) So wird Maria schließlich beharrliche Bekehrungsbitten noch lieber erhören als solche »Brotbitten«.

Mit dem Kranken habe es keine Eile, sie wisse besser als er, wann es für ihn am besten sei, daß sie ihn zu sich hole. Die anderen würden die erbetenen Gnaden im nächsten Jahr erhalten, doch müßten sie den Rosenkranz beten.

Dann kommt Maria wieder auf ihr eigenes Anliegen zurück und spornt erneut, wohl um den erlahmten Eifer Lucias wieder zu beleben, die Kinder an:

»Opfert euch für die Sünder und sagt Jesus oft, vor allem, wenn ihr irgendein Opfer bringt: O Jesus, das tue ich aus Liebe zu Dir, für die Bekehrung der Sünder und zur Sühne für die Beleidigungen, die dem Makellosen Herzen Mariens zugefügt werden.«[55]

Vom Erwecken der »Guten Meinung«, der bewußten Ausrichtung einer guten Tat auf Gott hin, wird heute kaum noch gesprochen, und doch ist sie psychologisch und sachlich von hohem Wert.

Gedanken haben eine motorische Kraft. Sie regen den Willen an und bewegen das Herz.

Gedankenlosigkeit läßt den Willen erlahmen und das Herz erstarren. Darum bewahrt uns die bewußte Ausrichtung auf Gott davor, daß unsere guten Werke zur seelenlosen Routine werden, daß sie ihre Seele, die Liebe, aushauchen, geistlose Mechanismen werden und damit wertlos vor Gott sind. Gute Werke ohne »Seele« sind zudem nicht nur unfruchtbar. Sie werden allzuleicht zum Fallstrick der Überheblichkeit, blähen auf und verführen zu hartem Urteil.

Gute Werke dagegen, die bewußt auf Gott hinge-

ordnet werden, führen auch zum Nächsten, machen verständnisvoller – und werden, je nach dem Inhalt, den man ihnen gibt, zu einem Akt der Gottesliebe, der Dankbarkeit, der Buße oder der Sühne.

Die drei Seher von Fatima haben sich treu an diesen Rat der Gottesmutter gehalten. Bisweilen mahnte die kleine Jacinta die anderen:

»Habt ihr auch dem Herrn gesagt, daß es aus Liebe zu ihm ist?«

Nun zurück zur Vision des 13. Juli:

Bis zur letzten Bitte der Gottesmutter folgen für die Umstehenden in ständigem Wechsel Worte Lucias und Stille, dann – ein langes Schweigen, eingeleitet mit einem Schreckensruf der Seherin.

Nach der Erscheinung wollen die Umstehenden erfahren, warum Lucia aufgeschrien habe; aber sie mühen sich vergeblich. »Das ist ein Geheimnis«, ist die einhellige Antwort aller drei Seher. Viele Jahre sollte es der Welt verborgen bleiben, was den Kindern in jenen Minuten gezeigt und gesagt wurde.

Erst 25 Jahre nach den Erscheinungen hielten die zuständigen kirchlichen Behörden den Augenblick für gekommen, den größeren Teil dieses Geheimnisses, von dem sogleich berichtet wird, zu veröffentlichen. Über einen letzteren Teil, das sogenannte dritte Geheimnis, wird, wie weitestgehend bekannt, von Seiten der Kirche aus Klugheitsgründen geschwiegen. Vermutlich geht es in der Prophetie nicht um Katastrophen, sondern um die heutige Glaubensverwirrung.

Gegen Schluß der Bitte »Opfert euch auf...« öffnet die Gottesmutter, wie bei den zwei vorhergehenden Visionen, die Hände. Der Lichtstrahl, der ihnen wiederum entströmt, scheint diesmal die Erde zu durchdringen. »Wir sahen«, schreibt Lucia, »gleichsam ein Feuermeer und eingetaucht in dieses Feuer die Teufel und die Seelen, als ob sie durchscheinend und schwarz oder bronzefarbig glühende Kohlen in menschlicher Gestalt seien, die in diesem Feuer schwammen, emporgeschleudert von den Flammen, die unter Wolken von Rauch aus ihnen selbst hervorschlugen; sie fielen nach allen Seiten wie Funken bei gewaltigen Bränden, ohne Schwere und Gleichgewicht, unter Schreien und Heulen vor Schmerz und Verzweiflung, was vor Schrecken erbeben und erstarren ließ. Ich muß wohl bei diesem Anblick ›ai‹ (Schmerzensschrei in romanischen Ländern) geschrien haben, wie Leute es angeblich hörten.

Die Teufel unterschieden sich durch die schreckliche und scheußliche Gestalt widerlicher, unbekannter Tiere, sie waren aber durchscheinend wie schwarze, glühende Kohle.«[56]

»Diese Vision dauerte nur einen Augenblick. Dank sei unserer himmlischen Mutter, die uns vorher versprochen hatte, uns in den Himmel zu führen. Wäre das nicht so gewesen, dann, glaube ich, wären wir vor Schrecken und Entsetzen gestorben.«[57]

»Erschrocken, und wie um Hilfe zu bitten, erhoben wir den Blick zu Unserer Lieben Frau, die voll Güte und Traurigkeit zu uns sprach:

›Ihr habt die Hölle gesehen, wohin die Seelen der armen Sünder kommen. Um sie zu retten, will Gott die Andacht zu meinem Makellosen Herzen in der Welt begründen. Wenn man tut, was ich euch sage, werden viele gerettet, und es wird Friede sein.

Der Krieg geht seinem Ende entgegen; wenn man aber nicht aufhört, Gott zu beleidigen, wird unter dem Pontifikat von Pius XI. ein anderer, schlimmerer Krieg beginnen. (Lucia betonte immer wieder bei Befragungen, daß Maria den Namen Pius XI., nicht Pius XII., genannt hat. Tatsächlich begann der zweite Weltkrieg aber erst unter Pius XII. Doch sind sich erstens die Historiker darüber einig, daß sich die Vorprogrammierung jenes Völkerringens bereits im spanischen Bürgerkrieg abzeichnete. Zweitens deutet manches darauf hin, daß der grausame Kampf der Kommunisten – letztlich Rußlands – in Spanien in die Prophezeiungen eingeschlossen war. Die Prophetie hat eine andere Perspektive als die Geschichtsschreibung. Maria sagte weiter:) Wenn ihr eine Nacht erhellt sehen werdet durch ein unbekanntes Licht, dann wisset, daß dies das große Zeichen ist, das Gott euch gibt, daß er nun die Welt für ihre Missetaten durch Krieg, Hungersnot, Verfolgung der Kirche und des Heiligen Vaters strafen wird.

Um das zu verhüten, werde ich kommen, um die Weihe Rußlands an mein Makelloses Herz und die Sühnekommunion an den ersten Samstagen zu fordern. Wenn man auf meine Wünsche hört, wird Rußland sich bekehren, und es wird Friede sein. Wenn nicht, dann wird es seine Irrlehren über die Welt verbreiten, wird Kriege und Verfolgungen der Kirche heraufbeschwören; die Guten werden gemartert werden, und der Heilige Vater wird viel zu leiden haben; verschiedene Nationen werden vernichtet werden; am Ende aber wird mein Makelloses Herz triumphieren. Der Heilige Vater wird mir Rußland weihen, das sich bekehren wird, und eine Zeit des Friedens wird der Welt geschenkt werden. In Portugal wird immer der wahre Glaube erhalten bleiben.

Sagt niemandem etwas davon. Francisco (der weder die Worte des Engels noch die der Gottesmutter vernahm) könnt ihr es mitteilen. Wenn ihr den Rosenkranz betet, dann sagt nach jedem Gesetz: O mein Jesus, verzeihe uns unsere Sünden, bewahre uns vor dem Feuer der Hölle, führe alle Seelen in den Himmel, besonders jene, die deiner Barmherzigkeit am meisten bedürfen. (Nach der Ansicht Lucias sind mit denen, »die der Barmherzigkeit Gottes am meisten bedürfen«, jene gemeint, die in der unmittelbarsten Gefahr schweben, verdammt zu werden. Ebenso sind gewiß diejenigen mitzuverstehen, die es auf Grund ihrer Charakterveranlagung, ihrer Erziehung, ihrer Lebensgeschichte und mancher negativer Umwelteinflüsse besonders schwer haben, den Willen Gottes zu erkennen, zu bejahen und ihn zu erfüllen.)

Darauf folgte ein Augenblick des Schweigens, und dann fragte ich:

›Wünschen Sie sonst nichts von mir?‹

›Nein, heute will ich nichts mehr von dir.‹

In gewohnter Weise erhob sie sich in östlicher Richtung, bis sie in der unendlichen Ferne des Firmaments verschwand.«[58]

Durch diese Vision war alles Dunkel aus der Seele Lucias gewichen. Die Not des Zweifels war überwunden, der Friede des Herzens zurückgeschenkt und der Eifer zu Opfern für das Heil gefährdeter Menschen wieder erwacht.

Als die Kinder aus ihrer Ekstase erwacht waren, stürmten die Leute auf sie zu und überschütteten sie mit Fragen. Der Andrang war derart, daß Herr Marto fürchtete, man könne Jacinta erdrücken. So nahm er sie auf den Arm, bahnte sich mit ihr einen Weg durch die Menge und trug sein Töchterchen nach Hause.

Unterdessen bestürmte man Lucia mit Fragen. Durch ihren Aufschrei und das Erschrecken in den Gesichtszügen der Seher war die Neugier nach dem offenbarten Geheimnis erwacht.

»Warum bist du so traurig geworden?«

»Das ist ein Geheimnis.«

»Etwas Gutes oder etwas Schlimmes?«

»Es ist zum Heil von uns dreien.«

»Und für das Volk?«

»Für manche ist es gut, für manche schlimm.«[59]

Allerdings, nicht die Botschaft von Fatima ist für einige »schlimm«, sondern, daß so viele nicht erkennen wollen, was ihnen zum Heile dient. Auch die Botschaft von Fatima will für alle ausnahmslos eine Heils-Botschaft sein.

Kleine Heroen

Das, was im folgenden Kapitel berichtet wird, könnte bei den einzelnen Lesern verschiedenartige, ja gegensätzliche Reaktionen hervorrufen: bei den einen Bewunderung, vielleicht sogar den Antrieb, es ein klein wenig nachzuahmen, bei anderen könnte es ein mitleidiges Lächeln oder ein ärgerliches Kopfschütteln hervorrufen. Die einen werden im Herzen Gott loben, der Kindern solche Seelenstärke, so frohe Selbstentäußerung schenkte. Andere werden denken: »Nein, einen Gott, der so etwas will, Freude an solchen Selbstquälereien hat, kann und möchte ich mir nicht vorstellen.«

Natürlich erwartet Gott Außergewöhnliches nur von außergewöhnlich begnadeten, speziell berufenen Menschen. Sie sollen in besonderer Liebe einswerden mit unserem gekreuzigten Erlöser. Ihre Taten sollen die einen anspornen, wenigstens das Notwendige zu tun, und die anderen aneifern, nach dem Maß der ihnen verliehenen Gnade über das Gebotene hinauszugehen und so am Erlösungswerk unseres Herrn mitzuwirken.

Es geht in diesem Kapitel um Torheiten, um Torheiten der Liebe, um die Torheit des Kreuzes, und zwar ganz speziell um Werke der Sühne.

Sühne – dieses Wort ist vielen fremd geworden, unverständlich und fragwürdig. Darum sei dem Leser ein klärendes Wort zugemutet. Sühnen heißt, jemanden, insbesondere Gott, versöhnen, Sünden tilgen. Wer Gott für andere Sühne leistet, stellt sich als Mittler zwischen ihn und jene Menschen, die Gottes Gnade verscherzt haben und damit ihrer unwürdig geworden sind. Wer sühnt, schlägt von seiner Mitte her, durch seine beidseitige Liebe (durch seine Liebe zu Gott wie zum Menschen, der in Ungnade gefallen ist) eine Brücke über die aufgerissene Kluft.

An sich besaß und besitzt die Kraft und Fähigkeit zu diesem Brückenschlag nur der eine Mittler zwischen Gott und Menschen, der Gott-Mensch Jesus Christus.

Als der geliebte Sohn des Vaters einerseits und als das neue Haupt der Menschheit andererseits konnte und sollte er die Kluft überbrücken.

Er hat dieses Werk vollbracht durch seine Liebe und seinen Gehorsam am Kreuze. Durch sie hat er den Ungehorsam, den Undank und den Egoismus des Menschen gesühnt, die Versöhnung mit Gott herbeigeführt, die Brücke zu ihm geschlagen.

»Wie durch den Ungehorsam jenes einen Menschen (des ersten Hauptes der Menschheit) die vielen als Sünder dastanden, so werden auch durch den Gehorsam des Einen (des zweiten, endgültigen Hauptes der Menschheit) die vielen als Gerechte dastehen.«[60]

Gott sieht die Menschheit nicht nur als eine Vielzahl von Einzelpersonen, sondern mehr noch als einen Organismus mit Haupt und Gliedern. Da die Menschheit eine Einheit mit Christus bildet, konnte er sie erlösen. Und weil wir alle als Glieder des Leibes, dessen Haupt Jesus ist, miteinander verbunden sind, deswegen kann jeder, der in lebendiger Verbindung mit ihm steht, ähnlich wie er, durch und mit ihm Sühne leisten für andere.[61]

Da die Liebe es ist, die Brücken schlägt – und letztlich nicht das Schwere eines Opfers –, kann Sühne geleistet werden durch alle Erweise echter Gottesliebe. So leistet man auch Sühne, wenn man Gottes Wohltaten (Gesundheit, Wohlergehen, gute Speisen, ganz besonders Gnaden Gottes) aus seiner Hand annimmt – mit einem Akt besonderer Dankbarkeit zur Sühne für den Undank anderer Menschen gegen Gott.

Es ist leicht, lieb und freundlich mit anderen zu feiern, zu schmausen und zu tanzen. Deswegen bewährt sich die Liebe erst, wenn es heißt, für andere etwas auf sich zu nehmen. So bewährt sich ebenso die Liebe zu Gott und zu dem, für den man sühnen möchte (beide Ausrichtungen der Liebe sind zur Sühne, zum »Brükkenschlag«, gefordert) in der Bereitschaft zu Entbehrungen und zum Tragen von Leid und Not. Alles Elend ist ja aus der Sünde erwachsen und wird immer wieder durch sie von neuem verursacht. Weil sich die Liebe in Leid und Verzicht bewährt und beweist, weil alles Leid Folge der Sünde ist und weil der freiwillige Verzicht auf das, wonach die Natur des Menschen verlangt, das Gegenteil der Sünde ist – in der der Mensch die Befriedigung seines Begehrens sucht –, deswegen kann man vor allem Sühne leisten, wenn man bewußt Schweres auf sich nimmt, Leiden geduldig trägt, Unrecht geduldig hinnimmt, freiwillig auf Erlaubtes verzichtet. Man schafft dadurch gewissermaßen ein Gegengewicht zur Sünde und versöhnt so Gott mit dem Sünder.

Mit diesen Ausführungen ist freilich nicht vollends geklärt, wieso das Opfer, das Leid oder der Tod des einen den anderen zum ewigen Leben zu führen vermag. Im tiefsten bleibt dies ein Geheimnis; doch ist es ein Geheimnis unseres Glaubens, und zwar ein fundamentales Glaubensgeheimnis, mit dem unser Christentum als Erlösungsreligion steht oder fällt.

Wir glauben und bekennen: »Unserer Sünden wegen liegt die Züchtigung auf ihm, und durch seine Wunden werden wir geheilt.« [62] *Auch die Feststellung des hl. Paulus, »Ich ergänze in meinem irdischen Leben, was an den Leiden Christi zu ergänzen ist, zugunsten seines Leibes, der Kirche«,* [63] *gilt uns vom Heiligen Geist eingegeben.*

Diese Glaubenswahrheit, daß Sühne möglich und notwendig ist, haben wir im allgemeinen zwar nicht verworfen – dann wären wir nicht mehr Kirche Christi –, aber wir haben sie gut beiseite geschoben, »in den geistigen Abstellraum« besorgt.

Es ist darum eines der bedeutendsten Anliegen der Fatimabotschaft, sie wieder dort herauszuholen und in den lebendigen Glaubensvollzug der Kirche einzubringen.

Bei der ersten Erscheinung des Engels wird nur zum Gebet für die Sünder aufgerufen. Bei seiner zweiten und dritten und bei den ersten drei Muttergottesvisionen ist ausdrücklich und eindringlich von Sühne die Rede. Bei ihrer vierten Erscheinung appelliert Maria noch einmal an das opferbereite Herz der drei Kinder und an alle, die zur Großmut fähig sind: »Betet, betet viel – und bringt Opfer für die Sünder; denn viele kommen in die Hölle, weil sich niemand für sie opfert und niemand für sie betet.« [64] Als die drei Kinder zum fünften Male Maria schauen durften, kommt sie auf deren gebrachte Opfer zu sprechen – anerkennend und mäßigend:

»Gott ist mit euren Opfern sehr zufrieden; aber er will nicht, daß ihr mit dem Strick (um den bloßen Leib) schlaft. Tragt ihn nur tagsüber.« [65]

Die Kinder hatten langsam, Schritt für Schritt, einen immer radikaleren Sühne- und Opfergeist entwickelt. Manches, was sie getan haben, erinnert uns an die großen, strengen Heiligengestalten des Mittelalters, insbesondere Spaniens, beispielsweise an die Eisenkette, die der hl. Johannes vom Kreuz auf bloßem Leibe trug.

Mit der zweiten Engelerscheinung begann der Höhenflug der drei Kleinen zu immer größeren, einschneidenderen Opfern. Durch eine übernatürliche Erkenntnis war auf einmal allen drei Kindern der Wert des Opfers aufgeleuchtet. Wie in einem Licht sahen sie, welch' ein Gefallen Gott am Opfer findet und welche Heilskraft aus ihm für die Sünder erwächst.

»Von dieser Zeit an«, so schreibt Lucia, »begannen wir daher, alles dem Herrn aufzuopfern, was uns kränkte. Doch suchten wir damals noch keine anderen Selbstüberwindungen oder Bußübungen, als stundenlang zur Erde niedergebeugt die Gebete des Engels zu wiederholen.«[66] Wenn Francisco es vor Rückenschmerzen nicht mehr aushielt, betete er aufrechtknieend oder auf einem Stein sitzend weiter.

Stundenlang zur Erde gebeugt knien, wäre selbst für Erwachsene ein überaus hartes Opfer. Die drei Kinder vermochten es nur infolge der besonderen Gnaden, die sie empfangen hatten, zu bringen. Auch das geduldige Tragen all dessen, was man ihnen antat, war sicher kein geringeres Opfer. Aber die Kinder trugen es mutig, wußten sie doch vom Engel, daß dies wichtiger sei als alle freiwillig auferlegten Opfer.

Da ihnen aber der Engel und schließlich auch Maria darüber hinaus noch freiwillige Opfer empfahlen, überlegten sie: »Was können wir sonst noch tun?« Als sie sich so – am Tage nach der ersten Muttergotteserscheinung – den Kopf zerbrachen, wie man das anfangen solle, ein Opfer zu bringen, rief Francisco plötzlich aus: »Jetzt hab ich's! Wir geben unser Mittagbrot den Schafen und bringen das Opfer, nicht zu essen.« Wie gesagt, so getan. Die beiden anderen gingen freudig auf den Vorschlag ein. Als den dreien einige Tage danach auf der Weide arme Kinder aus einem Nachbardorf begegneten, schlug Jacinta vor: »Kommt, wir geben ihnen unser Mittagbrot für die Bekehrung der Sünder«, lief sogleich los und verschenkte freudestrahlend ihr ganzes Brot. Die anderen folgten ebenso freudig ihrem Beispiel. Die armen, fremden Kinder wußten nun, wo etwas »zu holen« war. So gab es von jetzt an manch harte Fasttage für unsere kleinen Heroen.

Wenn an diesen Tagen der Hunger zu groß wurde und der Magen rebellierte, beschwichtigten sie ihn mit Maulbeeren, Eicheln, Tannenzapfen, Wurzeln von Glockenblumen, Pilzen oder ähnlichen Dingen, die sie auf der Weide fanden. Hüteten sie die Schafe in der Nähe eines elterlichen Grundstückes mit Fruchtbäumen oder Oliven, ging es etwas »festtäglicher« zu.

Es muß sich wohl an einem der ersten Tage ohne Mittagbrot abgespielt haben. Lucia hatte die anderen belehrt, daß die Früchte der Steineiche genießbar seien. Francisco kletterte daraufhin auf den ersten besten dieser Bäume und stopfte für sich und die anderen die Taschen voll. Jacinta pflückte in der Zwischenzeit gewöhnliche Eicheln in ihren Mund. Als Lucia das bemerkte, rief sie ihrer kleinen Cousine zu: »Jacinta, laß diese Eicheln! Merkst du denn nicht, wie bitter sie schmecken?«

»Das ist's ja gerade, eben weil sie bitter sind, esse ich sie, um die Sünder zu bekehren!«

»Jacinta«, so berichtet Lucia weiter, »schien unersättlich im Bringen von Opfern zu sein. Eines Tages bot ein Nachbar meiner Mutter eine Weide für unsere

Schafe an. Aber sie lag ziemlich weit weg, und es war Hochsommer. Meine Mutter nahm das Angebot an, das mit soviel Großzügigkeit gemacht wurde, und schickte mich dorthin. Da es in der Nähe einen Teich gab, wo die Herde trinken konnte, meinte sie, es wäre besser, wenn wir dort (nicht zu Hause, obwohl Hochsommer) unsere Mittagspause im Schatten der Bäume verbrächten. Auf dem Wege trafen wir unsere geliebten Armen, und Jacinta lief, um ihnen das (bekannte) Almosen (von allen) zu geben.

Der Tag war schön; aber die Sonne brannte, und es schien, als ob sie in jener dürren und trockenen Gegend alles versengen wollte. Der Durst wurde immer spürbarer, und es gab nicht einen Tropfen Wasser (außer dem ungenießbaren des schmutzigen Schafteiches). Anfangs boten wir das Opfer mit Großmut für die Bekehrung der Sünder an, aber bald – nachmittags – hielten wir es nicht mehr aus. Ich schlug dann meinen Gefährten vor, zu einem nahen Ort zu gehen, um ein bißchen Wasser zu erbitten. Sie nahmen meinen Vorschlag an, und so ging ich hin und klopfte an die Tür einer alten Frau, die mir mit dem Wasser ein bißchen Brot gab, das ich mit Dankbarkeit annahm; und dann lief ich, um alles mit meinen Gefährten zu teilen. Zuerst gab ich Francisco das Wasser und sagte ihm, er solle trinken.

›Ich möchte nicht‹, antwortete er.

›Warum nicht?‹

›Ich möchte leiden für die Bekehrung der Sünder.‹

›Trink du, Jacinta!‹

›Ich möchte auch das Opfer für die Bekehrung der Sünder anbieten.‹

So goß ich das Wasser in die Höhlung eines Steines, damit es die Schafe trinken sollten, und brachte den Krug seiner Besitzerin zurück.

Die Hitze wurde immer größer. Die Zikaden und

Grillen vereinigten ihren Gesang mit dem der Frösche des nahegelegenen Teiches und machten einen unerträglichen Lärm. Jacinta, entkräftet durch ihre Schwäche und den Durst, sagte mir mit jener Einfachheit, die ihr eigen war:

›Sag den Grillen und Fröschen, sie sollen ruhig sein. Mir tut mein Kopf so weh!‹

Darauf fragte Francisco sie:

›Möchtest du dies nicht für die Sünder leiden?‹

Das arme Kind drückte die Händchen an den Kopf und antwortete:

›Ja, ich will, laß sie singen.‹[67]

Es war nach der vierten Erscheinung, bei der Maria den Sehern offenbart hatte: »Viele Seelen kommen in die Hölle, weil sich niemand für sie opfert.«

Die drei kleinen Hirten waren mit ihren Schafen auf dem Wege zur Weide. Da sieht Lucia einen Wagenstrick am Boden liegen, hebt ihn auf und wickelt ihn spielerisch um den Arm. »Au, das tut ja weh! – Schaut mal, sollen wir nicht diesen Strick um unsere Hüften binden und Gott dieses Opfer anbieten?«

»Die armen Kinder«, schreibt Lucia, »haben sofort meinen Vorschlag angenommen.«[68] Schnell suchen sie sich einen messerscharfen Stein, legen den Strick auf einen Felsklotz und schlagen mit der »Steinaxt« so lange zu, bis ein erstes Stück, schließlich noch ein zweites abgetrennt und so der Wagenstrick in drei gleiche Bußstricke zerlegt ist.

Von da an trugen ihn die Kinder Tag und Nacht. Bisweilen schmerzte er sie qualvoll. Wenn nun Jacinta die Tränen kamen und Lucia ihr riet, den Strick abzulegen, entgegnete die Kleine:

»Nein, ich möchte gern diesen Schmerz unserm Herrn als Sühne und als Opfer für die Bekehrung der Sünder anbieten.«

Nach der fünften Erscheinung trugen die kleinen Heroen den Strick nur noch am Tage, so wie es Maria ihnen empfohlen hatte. Auf ihrem Krankenlager gaben Jacinta und Francisco heimlich dieses Marterwerkzeug ihrer Cousine. »Nimm ihn, trag ihn fort, bevor ihn die Mutter sieht«, bat Francisco. »Bewahre du ihn auf, denn ich habe Angst, daß ihn die Mutter sieht. Aber wenn es mir wieder besser geht, will ich ihn wiederhaben«, sagte kurz danach Jacinta und überreichte dabei einen Strick, der drei Knoten hatte und mit Blut befleckt war. Vor ihrem Eintritt ins Pensionat verbrannte Lucia alle drei Bußstricke, damit kein Mensch von ihnen erfahre.

Die Bekehrung der Sünder, ihr ewiges Heil und die Liebe zu Gott, der durch die Sünden der Menschen so schwer beleidigt wird, das waren die Triebfedern, die diese Kinder zu ihren heroischen Opfern befähigten.

Bei einem der drei herrschte dieses, bei dem anderen jenes Motiv stärker vor.

Tröstet euren Gott!

Es gibt keine zwei Heiligen, die einander in ihrem Verhalten und in ihrer inneren Haltung völlig glichen. Den einen führt und bewegt Gott so, den anderen so – jeden nach seiner Veranlagung und seiner Lebenssituation. So unterschieden sich auch die drei Seherkinder in ihrer Opferhaltung – wie schon angedeutet.

Lucia schreibt: »Während Jacinta mit dem einzigen Gedanken beschäftigt zu sein schien, Sünder zu bekehren und Seelen vor der Hölle zu bewahren, dachte er (Francisco) nur (besser gesagt, vornehmlich) daran, Unseren Herrn und Unsere Liebe Frau zu trösten, die ihm so traurig zu sein schienen.«[68a]

Eine kleine Episode:

Es war nach der ersten Erscheinung der Gottesmutter. Der stille Junge hatte einen höheren Felsen erklettert, um dort allein zu beten. Die Mädchen spielten und liefen den Schmetterlingen nach, um sie zu haschen und wieder in die Freiheit zu entlassen.

Zur Mittagszeit erinnerten sie sich an ihren Gefährten:

»Francisco, willst du nicht zum Essen kommen?«

»Nein, eßt heute allein!«

»Und wie ist es mit dem Rosenkranz?«

»Zum Rosenkranz komme ich natürlich, ruft mich dann noch einmal!«

Als es soweit war, wollte er, daß die beiden zu ihm auf den Felsen stiegen, obwohl dort für drei kaum Platz zum Knien war.

»Was machst du so lange dort oben?«

»Ich denke an den Herrn, der über die vielen Sünden so traurig ist ... Wie gerne möchte ich ihm Freude machen. Wenn ich das nur könnte! ... Deshalb faste und bete ich heute den ganzen Tag.«[69]

Später einmal erklärte er: »Ich habe mich sehr gefreut, den Engel zu sehen; noch mehr Freude empfand ich beim Anblick Unserer Lieben Frau. Am schönsten aber fand ich Gott in jenem Licht, das Unsere Liebe Frau in unsere Brust strahlen ließ. Ich liebe ihn so sehr! Aber er ist so traurig wegen der vielen Sünden! Wir dürfen nie eine begehen.«[70]

»Nach der dritten Vision«, schreibt Lucia, »schien Francisco am wenigsten von der Vision der Hölle erschreckt zu sein, obwohl auch er davon recht mitgenommen war. Was ihn am meisten beeindruckte und fesselte, war Gott, die Heiligste Dreifaltigkeit in jenem unermeßlichen Licht, das uns bis in die Tiefe der Seele durchdrang. Er meinte danach: ›Wir brannten in jenem Licht, das Gott ist, und wir wurden nicht verbrannt. Wie ist doch Gott!? ... Das kann man nicht aussprechen! Ja, das kann keiner jemals sagen! Aber wie schade ist es, daß er so traurig ist! Wenn ich ihn doch trösten könnte!‹ ...«[71]

Gott trösten und dann die Sünder bekehren, damit sie ihn nicht mehr beleidigten, das wurde der Lebensinhalt Franciscos, dafür betete und opferte er, dafür trug er dann später geduldig die Leiden seiner Krankheit.

»Betet für die Sünder, tröstet euren Gott!« So hatte der Engel den drei Sehern ans Herz gelegt. Und Gott hatte sich ihnen, insbesondere Francisco, offenbart als der, der unter den Undankbarkeiten seiner Menschenkinder leidet.

Die Worte »tröstet euren Gott« mögen uns denkbar unphilosophisch vorkommen! Wie kann der ewig glückliche Gott betrübt sein? Wie kann der Unendliche betroffen sein durch das Unrecht dieser winzigen Erdbewohner? Wie kann der ewig Gleiche, der Unveränderliche Gemütsbewegungen haben?

Sicher ist er nicht in gleicher Weise wie wir Menschen betrübt oder zornig. Er ist keinerlei Gemütsstimmungen unterworfen. Und doch ist in der Hl. Schrift beispielsweise vom Zorn und von der Eifersucht Gottes die Rede. Gott hat sich uns in menschlich verständlicher Weise offenbart. Zwar kann unsere Sprache ihn genausowenig fassen wie unser Verstand. Unsere Worte passen nie vollkommen auf ihn; aber trotzdem sind die Worte, mit denen Gott sich uns offenbart hat, keine Halbwahrheiten. Auch die Vision des traurigen Gottes, die Francisco gehabt haben muß, ist keine Täuschung des Jungen durch Gott. Das Leiden Jesu ließ seinen Vater im Himmel gewiß nicht unberührt. Es prallte nicht an seinem ewigen Glück wie an einem un-

durchdringlichen Panzer ab und blieb auch nicht an der Oberfläche seines Wesens stecken. Bei Gott gibt es keine Oberfläche, keine höheren oder tieferen Schichten seines Wesens. Alles, was in Gott ist und lebt, durchdringt ihn ganz. Alles, was er »empfindet«, empfindet er mit seinem ganzen Wesen. Und da es bei Gott auch kein Gestern und kein Morgen, sondern immer nur ein ewiges Heute gibt, »erlebt« er alles, was er »erlebt«, mit seinem ganzen Wesen von Ewigkeit zu Ewigkeit. Aller Undank der Menschen »bebt« durch die unendlichen Tiefen, Weiten und Ewigkeiten Gottes.

Vor allem aber ist er, der Leidensunfähige, leidensfähig geworden in seiner Menschwerdung, hat in der Zeit seines Erdenlebens alles Leid und allen Undank auf sich genommen und hineingezogen in seine Ewigkeiten. – Die Gotteserfahrung Franciscos veranschaulicht nichts anderes als den alten, heute vielen so schwer nachvollziehbaren, Glauben, daß Gott durch den Menschen beleidigt werden kann. Es ist eines der wesentlichsten Anliegen der Botschaft von Fatima, uns diese Wahrheit ins Bewußtsein zu rufen. –

Was von der Undankbarkeit der Geschöpfe gilt, gilt in gleicher, ja noch höherer, Weise von all ihrem Dank, allem Lobpreis und aller Sühne. Alles durchdringt die Tiefen, Weiten und Ewigkeiten Gottes, alles ist aufgenommen in das Herz des Gottmenschen Jesus Christus, – auch unser bescheidenes Gotteslob und unsere zaghafte Sühne.

So wird durch alles Gute, das Menschen tun, Gott versöhnt. Insbesondere wird durch alles, was wir aus Liebe zu ihm mehr tun, als geboten, durch sogenannte Werke der Übergebühr, ein Ausgleich für das Böse in der Welt geschaffen, Sühne geleistet, Gott »getröstet«.

An erster Stelle und in allumfassender Weise wurde dieser Ausgleich durch das Werk des Menschensohnes, unseres Herrn und Erlösers Jesus Christus, herbeigeführt. Hierdurch und in der lebendigen Verbindung mit ihm werden Gott alle Ehre, alle Verherrlichung und alle Sühne von Ewigkeit zu Ewigkeit zuteil.

Die Torheit des Kreuzes

Zu den religiösen Mängeln unserer Zeit gehört die Verständnislosigkeit für das Wesen des Opfers, für das, was einen Verzicht erst zum Opfer macht. Wir finden es sinnvoll, für einen Menschen in Not auf etwas zu verzichten, und haben Hochachtung, wenn einer sein Leben für andere »opfert« oder wagt. Wir wissen es zu würdigen, wenn jemand bereit ist, sich für irgendwelche sozialen oder individuellen Werte Einschränkungen aufzuerlegen, Zeit oder Geld zu »opfern«.

All das hat ohne Zweifel hohen sittlichen Wert. Aber ist es schon aus sich heraus ein Opfer im strikten Sinne des Wortes?

Worin bestanden die Opfer des Alten Bundes und der Naturreligionen? Man verbrannte für Gott Tiere und Früchte des Feldes oder vergoß wertvollen Wein am Opferaltar. In ihrem Verlangen, Gott etwas zu schenken, und in ihrer Ratlosigkeit, wie sie dies tun könnten, sind gottverbundene Menschen auf einen – uns heute wenig verständlichen – Gedanken gekommen: Dinge, die ihnen etwas wert waren, die sie zu ihrem Lebensunterhalt brauchten, haben sie dem menschlichen Gebrauch entzogen, einfach Gottes wegen vernichtet, um sie ihm dadurch gewissermaßen zu schenken.

»Wir können dir zwar nichts geben, aber wir wollen auf dieses und jenes vollends verzichten. Nimm es zu eigen an, so als ob du es wirklich gebrauchen könn-

test«, das ist die Opferhaltung der religiösen Menschen vorchristlicher Zeiten. Materialistisch gesehen, steht hinter diesen Opfern eine grobe Sinnlosigkeit: etwas für Gott einfach vernichten.

Und worin bestand das Opfer des Neuen Bundes? Einer, der die Macht hatte, sich Marter und Tod zu entziehen, dessen Leben so wertvoll war wie das keines anderen, der hat es freiwillig hingegeben. Menschlich gesehen sinnlos! Die Torheit des Kreuzes!

Das Wesen des Opfers besteht darin, daß man etwas bedingungslos für Gott hergibt, ohne zunächst nach dem greifbaren Nutzeffekt des Verzichts zu fragen. Wenn man gleichzeitig anderen mit seinen Opfern dienen kann oder sich selbst durch sie zur Mäßigung, Ordnung und Selbstbeherrschung erzieht, erhalten sie zweifellos einen zusätzlichen Wert. Wer bei seinem Verzichten jedoch Gott in keiner Weise im Auge hat und auch nicht bereit ist, ohne greifbaren Nutzen etwas allein für Gott zu tun, hat keine echte Opfergesinnung. Zu ihr gehört etwas von der Torheit des Kreuzes. Die absichtslose Liebe zu Gott ist die Seele jedes echten Opfers. Das ist es, was Gott an ihm so sehr gefällt.

Gott erwartet von uns im allgemeinen keine Opfer im Stile der drei Seher von Fatima. Er hat unserer Zeit das Vorbild der Kleinen Heiligen Theresia gegeben, die durch kleine, unauffällige Opfer, ohne Geißelrute, ohne Bußgürtel, ohne qualvollen Durst und Hunger sich selbst und andere geheiligt hat.

So vielfältig das Leben ist, so vielfältige Gelegenheiten zu unscheinbaren Opfern bietet es uns. Es kommt letztlich nicht auf die Härte des Opfers an, sondern auf die Liebe, mit der man es bringt, wie Theresia von Lisieux uns sagt. Diese gottgesandte Lehrmeisterin unserer Zeit stellt aber genauso fest, daß die Liebe vom

Opfer lebt, und sagt in apostolischer Sicht: »Die ganze Kraft, die ich habe, das ist das Gebet und das Opfer. Das sind die unüberwindlichen Waffen, die Jesus mir gegeben hat. Sie treffen die Seelen viel mehr als alle Worte. Das habe ich schon oft erfahren.«[72] *Theresia von Avila soll gesagt haben: »Wenn Beten nicht hilft, hilft Fasten. Fasten legt die Axt an die Wurzeln, während alle anderen Methoden nur die Blätter streicheln oder höchstens die Rinde ritzen.« Deswegen ist es gewiß nicht gut, daß heute das Fasten bis auf einen kleinen »Anstandsrest« abgeschafft ist und daß bisweilen Kindern freiwillige, ganz auf Gott gerichtete Opfer geradezu verleidet werden.*

Haben wir nicht Wesentliches aufgegeben, wenn wir die drei Werke der Frömmigkeit, Beten, Fasten und Almosengeben, auf zwei reduziert haben? »Strafen« wir nicht unsern Herrn »Lügen«, der behauptete: »Es werden aber Tage kommen, da ihnen der Bräutigam entrissen sein wird, dann werden sie fasten«?[73] *(Bemerkenswerterweise ist diese Stelle unterschiedslos bei allen drei Synoptikern, den Evangelisten Mathäus, Markus und Lukas, zu finden.) Mißachten wir nicht das Beispiel dessen, der in der Wüste und auch daheim im Verborgenen fastete und uns diese wunderbare Richtschnur und Verheißung gab:*

»Wenn du fastest, salbe dein Haupt und wasche dein Gesicht ..., und dein Vater, der ins Verborgene sieht, wird es dir vergelten!«?[74a]

Wie hätte Jesus so sprechen können, wenn er es nicht selbst so gehalten und an seiner Mutter so gesehen hätte und wenn er nicht gewußt hätte, daß sein Vater solches Fasten liebt und belohnt?

Freilich werfen die Worte Jesu auch die Frage auf, ob es richtig ist, eine Sache, die sich ganz zwischen Gott und dem Herzen des Menschen abspielen soll, die ganz persönlicher, nicht öffentlicher Natur ist, unter Sünde, ja unter Todsünde vorzuschreiben. Wäre hier nicht das Richtigere eine christliche Lebensregel mit dem Verpflichtungsgrad einer Ordensregel (d. h. ohne Androhung der Sünde, aber doch mit klaren Richtlinien)? Zum Beispiel: an Freitagen, statt des alten Abstinenzgebotes, Verzicht auf Genußmittel. Man sollte in der Kirche wieder mit konkreten Räten und Richtlinien das Fasten ans Herz legen, ohne dabei an die Fesseln alttestamentlicher Gesetzesvorschriften anzuketten.

Ein solches Fasten aus dem Geiste der Freiheit zermürbt nicht, sondern befähigt den Menschen zu tieferer Freude: »Das Fasten … soll dem Hause Israel zu Tagen der Freude und Wonne werden und zu herrlichen Festzeiten; nur liebet Wahrheit und Frieden!« [74b]

»Und der Drache ging hin, gegen ihre Kinder Krieg zu führen!«

Die Ereignisse vom 13. Juli hatten weit und breit Aufsehen erregt, obwohl sie noch kein zwingender Beweis für die Echtheit der Erscheinungen waren. Aber das Wölkchen an der Steineiche und die anderen außerordentlichen Begleiterscheinungen gerade in der von den Kindern bezeichneten Zeit, in der Zeit, in der sie gebannt vor dem wolkenumhüllten Bäumchen standen, all das ließ doch immer mehr Menschen daran glauben, daß hier eine übernatürliche Macht in unsere Welt eingebrochen war.

Der katholische Klerus und die kirchliche Presse verhielten sich allerdings äußerst zurückhaltend. Wenn sie überhaupt von Fatima sprachen, warnten sie vor Leichtgläubigkeit und sprachen von möglichen

Täuschungen durch den Fürsten der Finsternis oder durch üble Sektierer. Eine solche Haltung der Kirche – Verdächtigungen ausgenommen – ist nicht unklug; denn, wenn ein Werk von Gott ist, dann wird es auch durch ihn vollendet. Wenn es nicht von ihm käme, dann verlöre die Kirche an Glaubwürdigkeit, wenn sie sich leichtgläubig dahinterstellte.

Besonders in der Situation, in der die Kirche Portugals stand, wäre der Schaden unabsehbar gewesen, denn sie stand in einem harten Entscheidungskampf. Die Regierung ihres Landes, Freimaurer, hatten zum Vernichtungsschlag gegen sie ausgeholt. In zwei Generationen sollte und würde nach ihren Vorstellungen und Maßnahmen der Katholizismus in Portugal »vergessen« sein.

Die Vorgänge von Fatima, die ein Aufbrechen der alten Gläubigkeit erahnen ließen, paßten nicht in das Konzept der Regierungskräfte hinein. Tausende behaupteten da, außerordentliche, natürlich kaum erklärbare Phänomene beobachtet zu haben, und trugen ihre Eindrücke durch das Land. Die Kirchenfeinde fühlten sich herausgefordert. Während die kirchliche und kirchenfreundliche Presse Zurückhaltung wahrte, nahm darum die kirchenfeindliche auf ihre Art ausgiebig zu den Ereignissen in Fatima Stellung.

Man sprach und schrieb von Machenschaften des Klerus, von Suggestion und Hypnose, von raffinierten Spekulationen mit einer angeblich entdeckten Mineralquelle. Nach dem »Muster« von Lourdes wolle man in Fatima mit diesem Wasser »Moneten« machen. Vor allem war man eifrig bemüht, alles ins Lächerliche zu ziehen.

Aber, »der Geist, der stets verneint, der stets das Böse will und doch das Gute schafft«, erreichte auch hier mit seiner Kampagne, genauso wie Jahrzehnte zuvor in Lourdes, das Gegenteil von dem, was er wollte. Bis in den kleinsten Winkel Portugals machte er Fatima bekannt. Die ganze Aufmerksamkeit des Landes lenkte er auf dieses Fleckchen Erde, die Cova da Iria, mit ihrem bescheidenen, demütigen Bäumchen, der Steineiche.

Und so, wie damals in Frankreich die Behörden bis in die Ministerien hinein gegen ein kleines ungebildetes Schulmädchen aufbegehrten und zu Felde zogen, so, und noch entschieden brutaler, gingen hier die Behörden gegen die drei wehrlosen kleinen 7–10jährigen Kinder vor, die weder lesen noch schreiben konnten.

Der Bezirksvorsteher (Landrat, Oberkreisdirektor) von Vila Nova de Ourém, der Kreisstadt Fatimas, Artur d'Oliveira Santos, war ein eingeschworener Freimaurer und Kirchenfeind, ein ergebener Diener der glaubensfeindlichen Regierung.

Als er von den Ereignissen in Fatima erfuhr, redete er sich ein, daß dahinter Machenschaften des Klerus stünden, und er war entschlossen, radikal durchzugreifen, der Sache entschieden ein Ende zu setzen und sich dadurch zugleich einen Namen zu machen.

So stand sein Plan fest: die Hauptpersonen, die drei Kinder, zum Reden (über die Hintermänner) und zum Schweigen zu bringen.

Am 10. August, drei Tage vor der nächsten Erscheinung, ordnete er an, daß Lucia, Francisco und Jacinta am nächsten Tage in seinem Amt zu erscheinen hätten. Alle, die den Kindern gewogen waren, fingen an, um sie zu bangen; stand doch der Bezirksvorsteher in dem Rufe, zu allen Mitteln der Gewalt fähig zu sein, wenn es um die Erreichung seiner Ziele ging. Allein schon der Weg von Aljustrel nach Vila Nova de Ourém war für die kleinen Kinder eine unverschämte Zumutung.

Hören wir Lucia selbst: »Die Kreisverwaltung war

in Vila Nova de Ourém. Man mußte darum drei Meilen (also etwa 20 km, und zwar über holprige Wege) gehen, eine recht beträchtliche Entfernung für drei Kinder unseres Alters. Die einzigen Transportmöglichkeiten waren damals die eigenen Füße oder die eines Eselchens. Mein Onkel erklärte sich sofort bereit, selbst hinzugehen, doch würde er die Kinder nicht mitbringen: ›Sie halten den Weg zu Fuß nach Vila Nova de Ourém nicht aus‹, sagte er, ›und sie können sich auf einem Esel nicht festhalten, weil sie nicht daran gewöhnt sind. Außerdem habe ich nicht die Pflicht, zwei so kleine Kinder vor Gericht zu führen.‹

Meine Eltern dachten anders. So entschied mein Vater: ›Die meine soll gehen! Sie selbst soll antworten. Ich verstehe nichts von diesen Dingen. Und wenn sie lügt, ist es gut, wenn sie bestraft wird!‹[75]

Viele – sie mochten uns wohl- oder übelwollen – benützten die Gelegenheit, uns Angst einzujagen.[76]

Als wir am folgenden Tage am Hause meines Onkels vorbeikamen, wartete mein Vater einige Augenblicke auf meinen Onkel. Ich lief zu Jacintas Bett, um ihr Lebewohl zu sagen. Da wir nicht wußten, ob wir einander jemals wiedersehen würden, umarmte ich sie. Und das arme Kind sagte weinend: ›Wenn sie dich töten, sage ihnen, daß ich und Francisco wie du sind und daß wir auch sterben wollen. Ich gehe gleich mit Francisco zum Brunnen, um für dich zu beten!‹[77]

Dann ging ich in Begleitung meines Vaters und meines Onkels los ... Was mich am meisten schmerzte, war die Gleichgültigkeit, die meine Eltern mir gegenüber zeigten, umsomehr, als ich sah, mit welcher Liebe mein Onkel und meine Tante ihre Kinder behandelten. ... Nur Geduld, sagte ich mir im Innersten meines Herzens, so habe ich ja das Glück, aus Liebe zu dir, mein Gott, und für die Bekehrung der Sünder zu leiden. Bei diesem Gedanken fand ich zu jeder Zeit Trost.«[78]

Der Bezirksvorsteher unterzog Lucia in Gegenwart des Vaters, des Onkels und einiger Herren der Verwaltung einem scharfen, eingehenden Verhör. Vor allem wollte er ihr das Geheimnis entlocken und sie verpflichten, nicht mehr zur Cova da Iria zu gehen. Dabei sparte er weder mit Versprechungen noch mit Drohungen.

Als er sah, daß weder das eine noch das andere verfing, fertigte er ein Protokoll an und schloß wütend mit der Drohung, er werde schon seine Ziele erreichen – und wenn es den drei Fratzen das Leben kosten sollte.

Dann polterte er noch gegen Herrn Marto los, weil er seine Anordnung, die zwei Kinder mitzubringen, nicht befolgt habe. Schließlich ließ er alle gehen.

Bei Anbruch der Nacht kamen sie endlich zu Hause an. Lucia lief sofort zum Brunnen. Dort knieten sie immer noch, ihre beiden treuen Gefährten, den Kopf über den Brunnenrand gebeugt, das Gesicht weinend in den Händen vergraben. Als sie Lucia sahen, glaubten sie zunächst, ihren Augen nicht trauen zu dürfen. Dann atmeten sie befreit auf. »Aah – – – Lucia?! Als deine Schwester Wasser holen kam, sagte sie uns, man hätte dich bereits totgeschlagen. Wir haben schon so viel für dich gebetet und geweint.«

Zur vierten Erscheinung der Gottesmutter

13. August 1917 – Ein sonderbarer Pilger

»Inzwischen dämmerte der Morgen des 13. August«, erzählt Lucia. »Schon am Abend vorher kam das Volk von allen Seiten. Alle wollten uns sehen, uns ausfragen und uns ihre Bitten anvertrauen, damit wir sie der Heiligsten Jungfrau vortrügen. Wir waren in den Händen jener Menge wie ein Ball in den Händen von Kindern. Jeder zog uns auf seine Seite und stellte uns Fragen, ohne daß wir Zeit fanden, irgend jemandem Antwort zu geben. Inmitten all dieses Gedränges wurde mein Vater aufgefordert, mich zum Haus meiner Tante zu bringen.«[79]

Dort wartete ein Pilger eigener Art, der ein leidenschaftliches Interesse an den Kindern zeigte, ein vornehmer, sich überaus freundlich gebender Herr. Mit dem Auto, damals noch eine Sehenswürdigkeit in einem Dorf, war er bei Familie Marto vorgefahren. »Wissen Sie«, fragte mit liebenswürdigem, gewinnendem Lächeln der vornehme »Pilger« Herrn Marto, »warum ich heute hierhergekommen bin? Ich will zur Cova da Iria gehen, um dort das Wunder selbst zu sehen. Wissen Sie, ich bin wie der heilige Thomas: ich muß erst sehen, um zu glauben.«

»Sehr gut, Herr Bezirksvorsteher, sehr gut!« entgegnete Herr Marto, der den freundlichen Beamten schon von einer völlig anderen Seite kennengelernt hatte.

Als dann alle drei Kinder herbeigeholt waren, erfolgte im Zimmer Jacintas ein mehr oder weniger vorgetäuschtes Verhör über das Geheimnis. Natürlich stieß der hohe Beamte wieder auf eisiges Schweigen. Er ließ sich aber dadurch keineswegs vergrämen, sondern lud mit liebenswürdiger Geste schließlich die Kinder ein, in seinem Wagen Platz zu nehmen. Er wolle sie persönlich zur Cova da Iria fahren. Die Kinder jedoch trauten ihm nicht. Es sei ja noch viel zu früh, meinten sie, und sie könnten gut zu Fuß dorthin gehen.

Als der Bezirksvorsteher einsah, daß er so nicht weiterkam, verlangte er mit den Kindern ein Verhör im Pfarrhaus. Da diese mit dem Auto nicht fahren wollten, gingen sie in Begleitung ihrer Eltern zu Fuß zum Pastorat nach Fatima.

Der »freundliche« Kirchenfeind unterhielt sich zuerst sehr höflich mit dem Pfarrer und ersuchte ihn dann, die Kleinen in seiner Gegenwart zu vernehmen. Der geschmeichelte Herr ließ sich auch bedenkenlos vom Bezirksvorsteher in Dienst nehmen.

Mit ernster Miene wandte er sich an Lucia und redete ihr ins Gewissen: »Weißt du auch, daß man in die Hölle kommt, wenn man eine Lüge sagt, die so großen Schaden anrichtet wie die, die du verbreitest?«

Darauf Lucia unbeirrt und schlagfertig: »Wenn die Leute in die Hölle kommen, die lügen, dann komme ich aber nicht hinein, denn ich lüge ja nicht. Ich sage nur, was ich wirklich von jener Dame gesehen und gehört habe. Und wenn die Leute zur Cova da Iria gehen, dann nur, weil sie hingehen wollen. Ich habe niemanden gerufen.«[80]

»Man sagt, die Dame habe dir ein Geheimnis gesagt?«

»Ja, das hat sie; aber ich sage es nicht.«

Nun fing auch der Pfarrer an, sie zu drängen, das Geheimnis preiszugeben. Doch Lucia ließ sich auch von ihm nichts entlocken.

»Hören Sie, Hochwürden, wenn Sie es wollen, gehe ich in die Cova da Iria und frage die Dame; wenn sie es mir gestattet, das Geheimnis zu sagen, tue ich es.«

»Nun, das sind übernatürliche Dinge; gehen wir«, schloß der Bezirksvorsteher und lud die Kinder wieder ein, in seinem Wagen Platz zu nehmen. Die drei rührten sich jedoch nicht von der Stelle. Herr Marto, der sich von der Freundlichkeit des hohen Herrn hatte blenden lassen, ermunterte sie: »So geht doch!«

Die Kinder stiegen ein, ja sogar mit einer gewissen Freude; denn noch nie in ihrem Leben waren sie in einem Auto gefahren. Der Wagen fuhr ab.

Als man an die Stelle kam, wo sich die Straßen zur Cova da Iria und nach Vila Nova de Ourém gabeln, bog er in Richtung Kreisstadt ab.

»Nein, nicht in diese Richtung!« riefen die Kinder wie aus einem Mund.

»Ich weiß schon! Wir müssen aber erst noch zum Pfarrer von Ourém, der euch auch sehen und sprechen möchte. Hernach lasse ich euch sofort mit dem Auto zur Cova bringen, daß ihr nicht zu spät kommt.« Der hohe Herr sagte es so freundlich, daß die Kinder ihm Glauben schenkten und beruhigt waren.

In Ourém fuhr der Bezirksvorsteher jedoch nicht zum Pfarr-, sondern zum Kreisamt. Die Kinder wollten nun sofort zum dortigen Dechanten, aber der besorgte Herr Vorsteher bestand darauf, daß sie erst einmal etwas essen müßten.

Die ungeschaute Erscheinung

Mittag, 13. August 1917! In der Cova da Iria sind 15–20000 Menschen zusammengeströmt – meist Beter. Alles wartet gespannt auf die Ereignisse und inzwischen, mit einiger Ungeduld, auch auf die Kinder. Da sie immer und immer noch nicht kommen, fängt man ohne sie an, den Rosenkranz zu beten. Die Unruhe über das Ausbleiben der Seher wird allmählich zur Besorgnis. Einige fragen sich bekümmert, was wohl mit den Kindern geschehen sei. Andere sprechen empört von einer nichtswürdigen Irreführung durch die Kinder, von abscheulichem Schabernack, von einem schlechten Aprilscherz mitten im August.

Schließlich dringt die Nachricht durch: Die Kinder könnten nicht kommen, sie seien vom Bezirksvorsteher eingesperrt worden. Unwille, Empörung! Der Zorn gegen diesen »feinen« Herrn steigert sich immer mehr. Einige wollen zu ihm hingehen, ihn zur Rede stellen, und einzelne Hitzköpfe wollen sogar mit ihm »abrechnen«; sie scheinen zu allem fähig. Andere begeben sich enttäuscht auf den Heimweg.

Da, eine heftige Detonation! Viele glauben an Bomben oder Gewehrsalven der Regierungskräfte und ergreifen die Flucht. Doch bald bleiben sie stehen. Mit einem Schlag sehen sie die Wolken in den leuchtenden Farben des Regenbogens erstrahlen. Die Blätter der Bäume »verwandeln« sich unter diesem Licht zu leuchtenden Blüten. Das Meer von Köpfen wendet sich zur Steineiche. Zehntausende Augen sind auf sie gerichtet. Tiefe, heilige Stille in der ganzen Mulde. Ein heller Blitzstrahl neben dem Bäumchen! Darauf wird es, wie bei der vorausgehenden Erscheinung, von einem weißen, leuchtenden Wölkchen umhüllt. Ein gewaltiger Freudenschrei geht durch die Menge: »Die Madonna! Die Madonna!« Dann wird es wieder ganz still. Tränen der Freude leuchten in den Augen, und einige beginnen wieder zu beten. Zehn Minuten verweilt die Wolke. Dann erhebt sie sich und entschwindet.

Die Menschen sind tief ergriffen, der Zorn gegen den Bezirksvorsteher hatte sich gelegt. Alle sind überzeugt, daß trotz seiner Machenschaften die Madonna zur verabredeten Zeit erschienen sei.

»Dieser Umstand errettete den Bezirksvorsteher aus einer ernsten Gefahr«,[81] berichtet ein Augenzeuge in einem Brief. Und der Pfarrer von Fatima schreibt: »Es sind nicht mehr die Kinder, sondern die ganze Volksmenge, in der alle sozialen Klassen und Schichten vertreten sind und die, aus verschiedenen Teilen des Landes stammend, jetzt Zeugenschaft ablegen.«[82]

Im Gefängnis

Die Enttäuschung der Kinder, daß sie zur Stunde der Erscheinung nicht zur Cova da Iria gehen konnten, war groß. Tief brannte in ihnen die Sehnsucht nach jener hehren Frau, von der sie soviel Licht, Liebe, Freude und Gotteserkenntnis empfangen hatten. Sollte nun alles vorbei sein? Wird sie enttäuscht nicht mehr wiederkehren?

Als die Kinder am Nachmittag nach Hause wollten, verlangte der Bezirksvorsteher von neuem, sie sollten ihm erst das angebliche Geheimnis verraten. Seine freundliche Maske hatte er wieder fallen lassen. Streng unterzog er Lucia, Francisco und Jacinta, einzeln und gemeinsam, erneuten harten Verhören. Als wiederum alle Versuche scheiterten, erklärte er die Kinder als verhaftet, ließ sie in ein Zimmer sperren und drohte, sie erst wieder freizulassen, wenn sie gehorcht hätten. Nun saßen sie eingesperrt Stunde um Stunde, den Eltern entführt, eine dunkle Zukunft vor Augen.

Am Abend öffnete sich noch einmal die Tür. Herein kam eine alte Frau. Die Kinder hofften, von ihr freigelassen zu werden. Doch der Besuch war anders gedacht. Die Alte fing an, schön und fromm zu reden und versuchte mit List, den Kindern das Geheimnis zu entlocken. Vergeblich! So verließ sie unwillig das Gefängniszimmer der Kinder, schlug kräftig hinter sich die Tür zu und versperrte sie mit viel Getöse. Dann kam das Dunkel der Nacht.

Am nächsten Morgen gegen 10 Uhr wurden die kleinen Häftlinge ins Bezirksamt geführt und einem amtlichen Verhör unterworfen. Man tat alles Erdenkliche, um die Kinder zum Sprechen zu bringen, stellte die verfänglichsten Fragen, kam mit den schrecklichsten Drohungen und mit den schönsten Geschenken: Goldstücken, Goldkettchen, einer goldenen Uhr und Ähnlichem. Alles umsonst! Die Kinder erzählten gleichlautend, was ihnen begegnet war, das Geheimnis enthüllten sie nicht.

Der Bezirksvorsteher war empört über diese Hartnäckigkeit der drei. Sein Amtsstolz war durch das entschlossene Nein von drei kleinen Hirtenkindern aufs tiefste verletzt. Trotzdem mußte er ihnen über Mittag wohl oder übel eine kleine Ruhepause und einen Imbiß gewähren. Darum ließ er sie in seine Wohnung führen. Seine Frau hatte Mitleid mit den kleinen Duldern, nahm sie freundlich auf und gab ihnen zu essen; denn das lange Fasten und das Leid standen ihnen im Gesicht geschrieben.

Am Nachmittag begann die Marter im Bezirksamt von neuem: harte Verhöre, schreckliche Drohungen, man werde sie lebendigen Leibes verbrennen, wenn sie nicht redeten. Schließlich sperrte man sie ins Öffentliche Gefängnis.

»Wenn ihr nicht gehorcht, dann rufen wir einen Polizisten und lassen euch töten«, sagte abschließend einer der Beamten. »Das wird wohl nicht notwendig werden«, fügte der Vorsteher hinzu, »denn sie werden alles sagen ...«

Die Sträflinge, zu denen die Kinder gesteckt wurden, waren keine Schwerverbrecher, sondern kleine Diebe, Landstreicher, Raufbolde, Betrunkene und dergleichen mehr. Sie wußten nicht, wer die Kinder waren, die man zu ihnen in die Zelle sperrte. Trotzdem empfingen diese Leute sie nicht nur freundlich, sondern mit einer gewissen Ehrfurcht. Und alle hatten das Gefühl, als bräche mit den Kindern ein Sonnenstrahl in das Gefängnis.

Der sechsjährigen Jacinta wurde es trotzdem in diesem Kreise kahlgeschorener, finster dreinschauender Männer in Sträflingskleidung unheimlich. Sie zog sich zurück, lehnte ihr Köpfchen unter dem vergitterten Fenster an die Wand und fing an zu weinen.

Lucia wollte sie trösten:

»Jacinta, komm doch zu uns. Warum weinen?«

»Sie werden uns töten, ohne daß wir vorher noch einmal unsere Eltern sehen dürfen. Weder deine noch meine kommen uns besuchen. Sie haben einfach nichts mehr für uns übrig.«

»Weine doch nicht«, redete Francisco ihr, gelassen wie immer, zu, »wenn wir auch Mama nicht mehr wiedersehen! Opfern wir es dem Herrn für die Sünder auf. Schlimmer noch wäre es, wenn nun die Madonna nicht mehr wiederkäme. Das würde mich noch tiefer schmerzen. Aber auch das opfere ich auf für die armen Sünder.«[83] Sogleich faltete er die Hände, erhob die Augen zum Himmel und betete.

»O Jesus, aus Liebe zu dir und für die Bekehrung der armen Sünder.«

»Und auch für den Heiligen Vater und zur Sühne

der Sünden, die gegen das Makellose Herz Mariä begangen werden«, fügte Jacinta weinend mit gefalteten Händen hinzu.

Die Sträflinge, harte, wilde Gesellen, waren ergriffen. Einige konnten die Tränen nicht verbergen, und einer von ihnen riet, gutgemeint nach Gaunerart:

»Aber sagt doch dem Herrn Bezirksvorsteher das Geheimnis! Was soll's euch interessieren, ob es die Dame will oder nicht?«

»Nein, das nicht!« widersprach Jacinta entschieden. »Lieber möchte ich sterben.«

»Wir beschlossen dann«, berichtet Lucia, »unseren Rosenkranz zu beten. Jacinta zog eine Medaille hervor, die sie um den Hals trug, und bat einen Gefangenen, sie an einem Nagel an der Wand aufzuhängen; vor dieser Medaille kniend begannen wir zu beten.

Die Gefangenen beteten mit uns so gut sie konnten; wenigstens waren sie auf den Knien.[84] Als Francisco sah, daß einer der Gefangenen mit der Mütze auf dem Kopf niederkniete, ging er zu ihm hin und sagte: ›Wenn Sie beten wollen, müssen Sie die Mütze abnehmen.‹ Der arme Mann gab sie ihm ohne weiteres, und Francisco legte sie auf eine Bank.[85]

Nachdem wir den Rosenkranz beendet hatten, kehrte Jacinta zurück zum Fenster und weinte.

›Jacinta, dann willst du also dieses Opfer nicht Unserem Herrn anbieten?‹ fragte ich sie.

›Ich will, aber ich denke an meine Mutter und weine, ohne es zu wollen!‹ ...

Unter den Gefangenen gab es einen, der Akkordeon spielte. Er fing an zu spielen, und die anderen sangen dazu, um uns zu zerstreuen, und fragten uns, ob wir nicht tanzen könnten.

Wir sagten, daß wir den ›Fandango‹ und den ›Vira‹

kennen. Jacinta war dann die Partnerin eines armen Gauners. Als er merkte, wie klein sie noch war, trug er sie zuletzt auf dem Arm. Möge Unsere Liebe Frau mit seiner Seele Mitleid gehabt und ihn bekehrt haben.«[86]

Nun, es wird Maria leichter gewesen sein, diese Leutchen in Sträflingstracht in den Himmel zu ziehen als jene Herren in weißer Weste.

Einige Zeit danach wurden die Kinder wieder vom Gefängnis zum Bezirksamt geholt. Neue Verhöre, neue Schmeicheleien, neue Drohungen! Schließlich sprang der Vorsteher des Bezirkes zornig auf und schrie: »Wenn ihr nicht im Guten gehorchen wollt, wird es im Bösen gehen.« Einem Angestellten befahl er, so daß es die Kinder hören mußten, eine große Pfanne mit siedendem Öl vorzubereiten, und dann schloß er die drei einstweilen in ein Zimmer ein.

Dort kauerten sie nun, zitterten am ganzen Leibe, weinten und versuchten doch auch wieder einander zu trösten. Schließlich öffnet sich die Tür. Der Bezirksvorsteher persönlich erscheint und ruft: »Jacinta, los, her! – Wenn du jetzt immer noch nicht antwortest, bist du die erste, die im Öl gebraten wird. Komm mit, los, los!«

Mutig, trockenen Auges, fest entschlossen, um jeden Preis zu schweigen, ging Jacinta mit. »Sie folgte ihm sofort, ohne sich von uns zu verabschieden«,[87] sagte Lucia im späteren kirchlichen Prozeß aus.

Für die Kleine folgte nun erneut der bekannte Psychoterror – wieder vergeblich für den Tyrannen. Schließlich sperrte man sie in ein anderes Zimmer.

Die Gelassenheit Franciscos steigerte sich unterdessen zu glaubenstiefer Heiterkeit. »Während Jacinta verhört wurde«, berichtet Lucia über Francisco, »sagte er zu mir mit der größten Ruhe und Fröhlichkeit: ›Wenn sie uns wirklich umbringen, sind wir bald im

Himmel! Das ist ja herrlich! Mir liegt an gar nichts mehr.‹ – Und nach einem kurzen Augenblick des Schweigens: ›Gebe Gott, daß Jacinta keine Angst bekommt. Ich will für sie ein Ave Maria beten.‹ Und sogleich nahm er die Mütze ab und betete. Als der Wächter ihn in Gebetshaltung sah, fragte er ihn: ›Was machst du da?‹ ›Ich bete ein Ave Maria, damit Jacinta keine Angst bekommt.‹ Der Wächter machte eine verächtliche Handbewegung und ließ ihn laufen.«[88]

Als Francisco betete, öffnete sich die Tür:

»So, die ist jetzt tot. Nun kommst du dran, Bürschchen!« schrie der Bezirksvorsteher Francisco an.

»Sag mir euer Geheimnis!«

»Ich darf es niemandem sagen.«

»So, niemandem? Das werden wir gleich feststellen!«

Damit packte er den Jungen am Arm und zerrte ihn mit sich fort.

Dann verlief alles so wie mit Jacinta. Schließlich wurde Francisco zu ihr ins Zimmer gesperrt. Staunen und Freude! Sie lebt also noch, wenngleich die Aufregung sie immer noch schüttelte.

Als letzte kam Lucia an die Reihe. Wie die beiden anderen war sie nach ihren späteren Aussagen fest davon überzeugt, daß es nun mit ihr »aus war«, aber Angst hatte sie trotzdem nicht. Sie empfahl sich der Gottesmutter und blieb ruhig und gelassen.

Als sie nach erfolglosem Verhör ins Nebenzimmer geschleppt wurde, wartete dort nicht die angedrohte Ölpfanne, sondern Francisco mit Jacinta. Die Freude war groß: Freude über das Wiedersehen und noch mehr Glück und Friede darüber, daß sie die Madonna nicht enttäuscht hatten. Hunger und Schlaf spürten sie nicht.

Am nächsten Tag, dem Feste Mariä Himmelfahrt,

unternahm Herr Oliveira noch einen letzten Versuch. Dann brachte er, um das Gesicht zu wahren, die Kinder persönlich ins Pfarrhaus von Fatima zurück. Die Frage: »Woher nehmen die Kinder diesen heroischen Mut?«, stellte er sich nicht, wollte er sich nicht stellen.

Bei Familie Marto herrschte nun große Freude. Sie hatte sich keineswegs kalt und gleichgültig gezeigt. Schon am Tage zuvor war ein älterer Sohn nach Vila Nova ins Bezirksamt gefahren und hatte dort die Auskunft erhalten, man solle keine Sorge haben, die Kinder seien in guten Händen. Trotzdem machte sich Frau Marto Gedanken. Nun, da alles überstanden war, sollten beide den ganzen Tag bei den Eltern zuhause bleiben dürfen. Die Schafe ließ man einen anderen Sohn hüten.

Der Empfang im Hause Santos dagegen war herzlos. Lucia litt sehr darunter. Frau Santos hat sich, wenigstens dem äußeren Anschein nach, durch die Entführung ihrer Tochter nicht rühren lassen. Als man ihr mitteilte, daß Lucia im Gefängnis sei, antwortete sie nur: »Laß sie! Sie hat's verdient. Das könnt ihr mir glauben! Wenn sie lügt, hat sie jetzt ihre gerechte Strafe; wenn sie die Wahrheit sagt, dann wird die Madonna sie verteidigen.« So erfuhr das Kind denn auch jetzt bei der Rückkehr keinerlei sichtbare Anteilnahme, keine einzige freundliche Geste.

Als Willkommensgruß »ließ man mich«, so berichtet Lucia, »– gewissermaßen als Zeichen der Freude über meine Rückkehr – den Schafstall öffnen und die Schafe hinaus zur Weide führen.«[89]

Nach all den seelischen Martern der vergangenen Tage vielleicht die Krönung aller Leiden!

19. August 1917 – Ein unerwarteter Besuch

Am folgenden Sonntag, dem 19. August, hüteten Lucia, Francisco und dessen älterer Bruder Joâo die Schafe in den »Valinhos« (kleine Täler).

Plötzlich sehen die Kinder, wie sich die Atmosphäre verändert und jene geheimnisvolle Färbung annimmt, die sie bei der letzten Erscheinung in der Cova da Iria zeigte. Zugleich nimmt Lucia »etwas Übernatürliches« wahr, »das sich näherte und sie umhüllte«.

Da Jacinta an diesem Tag nicht bei ihnen ist, soll Joâo sie schnell holen. Er sträubt sich zuerst – wahrscheinlich aus Angst, etwas zu verpassen. Für 20 Pf. ist er schließlich bereit, seine kleine Schwester zu holen. Kaum hat er sich auf den Weg begeben, da kündigt auch schon ein blitzartiger Lichtschein Lucia und Francisco die baldige Ankunft Marias an; und kurz nachdem Joâo mit Jacinta angelangt ist, hört er Lucia freudig rufen: »Sie ist da! Sie ist da!«

Wieder sehen Lucia, Francisco und Jacinta über einem Bäumchen die hoheitsvolle lichtumstrahlte Frau. Der Erscheinungsbericht sei nun wörtlich der Feder Lucias entnommen:

»Was wünschen Sie von mir?«

»Ich will, daß ihr am Dreizehnten zur Cova da Iria kommt und daß ihr weiterhin täglich den Rosenkranz betet; ich werde im letzten Monat ein Wunder wirken, damit alle glauben.«

»Was sollen wir mit dem Geld machen, das die Leute in der Cova da Iria lassen?«

»Man soll zwei Traggestelle (für die Opfergaben) anfertigen lassen: Du wirst (dem Brauche gemäß) mit Jacinta und zwei weißgekleideten Mädchen das eine (auf den Kirchplatz zur Versteigerung der Naturalien) tragen, Francisco mit drei Jungen das andere. Das

Geld auf den Gestellen ist für das Fest Unserer Lieben Frau vom Rosenkranz bestimmt, der Rest für die Kapelle, die man errichten wird.«

»Ich bitte Sie, einige Kranke zu heilen.«

»Ja, ich werde im Laufe des Jahres einige gesund machen.«[90]

Maria schließt dann mit den schon berichteten Worten: »Betet, betet viel – und bringt Opfer für die Sünder; denn viele kommen in die Hölle, weil sich niemand für sie opfert und für sie betet.«[91]

Danach erhebt sie sich und schwebt wie gewöhnlich, in einem Lichtglanz entschwindend, dem Osten zu.

Als Lucia ausrief: »Jetzt geht sie, schau, da, Jacinta!«, hörte João einen Donnerschlag, gleich der Explosion einer Rakete. Sonst sah und vernahm er nichts, obwohl er »sich die Augen ausschaute«.

Auf dem Heimweg wurde Jacinta redselig wie einst:

»Tante«, rief sie, als ihnen Frau Santos begegnete, »wir haben heute wieder die Madonna gesehen!« Dabei schwenkte sie freudig den Zweig des Baumes, auf dem Maria stand. Ganz gegen ihre Gewohnheit hatten sie ihn abgebrochen und mitgenommen.

»Ihr Lügner, ihr habt nichts anderes mehr im Kopf, als die Madonna zu sehen!«

»Aber Tante, wir haben sie wirklich gesehen! Schau doch, sie hatte einen Fuß auf dem Zweig und einen auf dem.« (Der Zweig hatte eine rechtwinklige Gabelung.)

»Laßt sehen, ihr Lügner!«

Frau Santos nahm den Zweig in die Hand. Da strömte er einen sonderbaren, köstlichen Duft aus. Dieses persönliche Erlebnis machte nun doch etwas Eindruck auf sie, zumal alle Umstehenden denselben Duft wahrnahmen. Vorübergehend wurde sie jetzt etwas zurückhaltender in ihrem Urteil und ließ Lucia eine Zeitlang unbehelligt. Vor allem begann Herr Santos, sich für Lucia einzusetzen, wenn die Mutter oder die Schwestern ihr zusetzten: »Laßt sie in Ruhe. Wir wissen zwar nicht, ob es wahr ist, aber wir wissen genausowenig, ob es falsch ist, was sie behauptet.«

Frohbotschaft oder Drohbotschaft?

Es muß in der Zeit zwischen der August- und der Septembererscheinung gewesen sein, als Jacinta Lucia verschiedentlich fragte: »Warum zeigt die Madonna die Hölle nicht den Sündern? Wenn diese sie sehen würden, sündigten sie bestimmt nicht mehr. Sag doch der Dame, sie solle all diesen (bei den Erscheinungen Anwesenden) Leuten die Hölle zeigen; du wirst sehen, wie sie sich dann bekehren.«

Nach der nächsten Erscheinung fragte Jacinta Lucia etwas ärgerlich:

»Warum hast du denn Unserer Lieben Frau nicht gesagt, daß sie jenen Leuten die Hölle zeigen soll?«

»Ich habe nicht daran gedacht.«

»Ich auch nicht«, bemerkte sie traurig. – »Wie tun mir doch diese Sünder leid! Könnte ich ihnen nur die Hölle zeigen«, klagte sie ein anderes Mal. Bisweilen klammerte sie sich plötzlich an Lucia und beschwor sie eindringlich:

»Ich gehe bald in den Himmel, du aber bleibst hier. Wenn die Gottesmutter es dir erlaubt, dann sage es jedem, was die Hölle ist, damit sie keine Sünden mehr tun und nicht dorthin kommen.«

Immer wieder brach sich die Klage aus ihrem besorgten Herzen durch zu ihren Lippen:

»So viele Menschen kommen in die Hölle! So viele

Menschen in der Hölle!« (Ihr standen dabei Visionen vor Augen, die sie persönlich hatte.)

»Hab keine Angst«, versuchte Lucia dann Jacinta zu trösten, »du kommst aber in den Himmel.«

»Gewiß«, entgegnete sie ruhig, »aber ich möchte, daß alle dorthin kommen.«

Die Sorge um das Heil aller Menschen, die in der Seele dieses kleinen Kindes wachgeworden und gewachsen war, ist wohl die Frucht einer Gnade, die Gott jedem schenkt, den er in seine besondere Nähe zieht.

Theresia von Avila sagt von Menschen, die zu einem höheren Grad der Gottesvereinigung gelangt sind: »Auf irgendeine Weise geht (bei ihnen) das Leid der Seele vielleicht von dem sehr großen Leid aus, zu sehen, daß Gott in dieser Welt beleidigt und geringgeachtet wird, und von dem sehr großen Schmerz über die vielen Seelen, die verlorengehen ... Denn obwohl sie (die Seele) sieht, daß das Erbarmen Gottes groß ist, daß man, so schlecht man auch leben mag, sich bessern und erlöst werden kann, fürchtet sie, daß viele verdammt werden.«[92]

Deswegen beschwört Theresia ihre Schwestern: »Um der Liebe Gottes willen bitte ich euch, in euren Gebeten stets der Seelen zu gedenken, die in Todsünde leben.«[93] Von sich selbst sagt sie: »Sollte ich auch bis zum Tag des Gerichts im Fegfeuer bleiben, was liegt daran, wenn durch mein Gebet auch nur eine Seele gerettet wird? Und wieviel mehr liegt am Heile vieler Seelen und an der Ehre des Herrn!«[94]

Die schmerzvolle Sorge Theresias, Jacintas und aller Menschen im Bannkreis der Liebe Gottes um das ewige Heil heilsgefährdeter Menschen ist nichts anderes als ein schwacher Schimmer, ein kleiner Funke der Glut göttlicher Liebe, der »will, daß alle Menschen gerettet werden und zur Erkenntnis der Wahrheit gelangen«,[95] der will, »daß keiner von diesen einfachen Leuten verlorengehe.«[96]

Hinter der Liebe Jacintas steht die Liebe unseres Guten Hirten, der um die Seelen der Menschen gerungen hat, der den Sündern nachging, mit ihnen Tischgemeinschaft pflegte, der immer wieder in den verschiedensten Bildern zur Wachsamkeit und Bereitschaft mahnte, der bei der Verkündigung seiner Frohen Botschaft nicht der Schönfärberei verfiel und die Menschen nicht in einer falschen, verhängnisvollen Heilssicherheit wiegte. Wohl war das Hauptanliegen seiner Verkündigung das Nahen des Himmelreichs, wohl versuchte er in wunderbaren, ergreifenden Bildern den Menschen ein anderes Gottesbild, das Bild des liebenden Vaters, einzuprägen und ihnen das tiefverwurzelte Mißtrauen gegen Gott aus dem Herzen zu reißen. Um so bemerkenswerter ist es, daß er, trotz dieses seines Herzensanliegens, von der Liebe des Vaters zu künden, die aufschreckenden Worte in die Zeiten hineinrief: »Ich will euch erklären, wen ihr fürchten sollt: Fürchtet den, der Macht hat, nicht nur zu töten, sondern auch in die Hölle zu werfen. Ja, ich sage euch, ihn sollt ihr fürchten.«[97]

Ebenso bemerkenswert ist es, daß der Herr die Proklamation des nahenden Gottesreiches nicht mit den Worten begann: »Freuet euch, denn das Himmelreich ist nahe«, sondern: »Bekehret euch, denn ...« Es ist weiterhin auffallend, daß Jesus gerade bei seinen Gleichnisreden vom Himmelreich sehr oft von der furchtbaren Möglichkeit sprach, von ihm ausgeschlossen zu werden: im Gleichnis vom Hochzeitsmahl, von den fünf klugen und den fünf törichten Jungfrauen, vom Unkraut auf dem Weizenacker, vom Netz mit den Fischen, von den Talenten bzw. dem König, der auf Reisen ging.

Diese Gleichnisse vom Himmelreich und die Verkün-

digung des liebenden Vatergottes macht sich, so könnte man vom Standpunkt eines effekthaschenden Rhetors sagen, der Herr einfach zunichte mit dem erschreckenden Hinweis auf eine Welt, wo »Heulen und Zähneknirschen« sein wird, »wo der Wurm nicht stirbt und das Feuer nicht erlischt«. Es ging Jesus nicht um Effekthascherei und genausowenig um Einschüchterung und Verängstigung.

Hinter diesen Reden des Herrn steht nichts anderes als dieselbe Sorge und dieselbe Liebe, die er in das Herz der kleinen Jacinta gesenkt hat, nur, daß beides bei ihm unvergleichlich größer ist. Weil Jesus alle liebte, und weil er wußte, was denen bevorsteht, die sein Wort nicht annehmen wollen, schloß er nach Markus sein Eu-angelium, seine »gute« Botschaft, genauso, wie Johannes der Täufer sie begann: mit der Verheißung des kommenden Heiles wie ebenso – als letzte Warnung – mit der Ankündigung des nahenden Gerichtes: »Wer sich zum Glauben wendet und sich taufen läßt, wird gerettet werden – wer nicht glauben will, wird verdammt werden.« [98]

Wenn wir all das Gesagte bedenken und offenen Auges die Hl. Schrift lesen, dann wird uns aufleuchten, daß die so nachdrückliche Behauptung, die Botschaft Jesu sei eine Frohbotschaft und keine Drohbotschaft, einseitig und irreführend – eine verhängnisvolle Halbwahrheit – ist.

An sich ist Jesu Verkündigung für ausnahmslos alle als gute Botschaft gedacht. Sie ist die denkbar froheste, ja sie übersteigt alles, was uns denk- und erahnbar ist: »Was kein Auge gesehen und kein Ohr gehört hat und was in keines Menschen Herz gedrungen ist: (das) hat Gott denen bereitet, die ihn lieben.« [99] *Da aber viele dieser frohen Kunde keinen Glauben schenkten und schenken, und da es keinen anderen Weg zum Heil gibt und die einzige Alternative zur ewigen Freude die ewige Qual ist, kehrt sich die Frohbotschaft für die, die nicht glauben wollen, zwangsläufig zur Drohbotschaft:*

»Weh dir, Korozain! Weh dir, Betsaida!« [100]

»Weh euch, ihr Schriftgelehrten und Pharisäer!« [101]

»Weh euch, ihr Reichen! ...

Weh euch, ihr ›jetzt Satten‹! ...

Weh euch, die ihr jetzt lacht! ...

Weh euch, wenn alle Menschen euch schmeicheln!« [102]

Noch viele weitere Wehrufe des Herrn und seines Vorläufers ließen sich anreihen.

Das Evangelium will nicht als bedingungslose Frohbotschaft verstanden sein. Es versteht sich selbst nicht so. Es versteht sich sogar schon als Gericht: »Wer nicht glaubt, der ist schon gerichtet.« [103] *»Wer mich mißachtet und meine Worte nicht aufnimmt, hat seinen Richter: das Wort, das ich geredet habe, wird ihn richten am Jüngsten Tage.«* [104]

Die ernsten Wahrheiten müssen wieder einen Platz in der Verkündigung finden, und zwar den, den sie im Evangelium haben – keinen vorgeschobeneren und keinen geringeren. Die Botschaft Christi darf tatsächlich nicht primär – wie zeitweise – als Drohbotschaft deklariert werden. Die Verkündigung muß selbstverständlich vor allem Hoffnung wecken: auch die Hoffnung, daß Gott noch Wege weiß, wo uns alles verloren dünkt, und daß er nicht nach dem äußeren Schein, sondern nach dem inneren Sein richtet. Manches, was uns als Unkraut erscheint, wird in den Augen Gottes durchaus noch wertvoller Weizen sein.

Lucia schreibt in ihren Erinnerungen: »Manche Leute, auch fromme, wollen Kindern nichts von der Hölle sagen, um sie nicht zu erschrecken. Gott dagegen zögerte nicht, sie drei Kindern zu zeigen, von denen eines erst sieben Jahre alt war. Und er wußte sehr wohl, daß es dabei vor Entsetzen beinahe sterben würde.« [105]

Wir scheuen uns heute noch entschieden mehr, über die Hölle zu sprechen. Wer es doch tut, ist nicht »up to date«. Ob es klug ist, klüger sein zu wollen als unser Herr? (Zeitweilig beging man den gegenteiligen Fehler: bei jeder Kleinigkeit wurde den Kindern »Höllenangst« eingeflößt.)

Das Schweigen über die ernsten Wahrheiten führt allzuleicht zur Heilssorglosigkeit, von dort zur Heilsfahrlässigkeit, schließlich zur Heilsgleichgültigkeit und zum furchtbaren Schluß zur Heilsverachtung (»den Himmel überlassen wir den Spatzen«). Und bei vielen Guten führt dieses Schweigen zu mangelnder Einsatz-, Opfer- und Gebetsbereitschaft für Heilsgefährdete. »Gott ist gut und allmächtig, er wird schon selbst mit diesen Leutchen fertig werden«, so redet man es sich vor und spart sich die eigene Mühe.

Wer so denkt, übersieht, daß Gott das Mitwirken der Menschen in seinen Heilsplan eingefügt hat. Gott gibt die große Chance, daß Menschen durch Menschen gerettet werden können, daß wir die Macht besitzen, anderen durch Gebet und Opfer zum ewigen Leben zu verhelfen.

Um Lucia, Francisco und Jacinta zu bewegen, sich mit allen Kräften für das Heil anderer einzusetzen, nicht, um ihnen Schrecken einzujagen, ließ Maria sie einen Blick in die Hölle tun und ließ speziell Jacinta in weiteren persönlichen Visionen schauen, daß viele in das ewige Feuer stürzen. Von diesen Visionen war nun das ganze Leben der kleinen Seherin geprägt.

»Oft setzte sich Jacinta auf den Boden oder auf einen Stein«, berichtet Lucia, »und meinte nachdenklich:

›Die Hölle! Die Hölle! Wie leid tun mir die Seelen, die in die Hölle kommen! Und die Menschen, die dort lebendig brennen wie Holz im Feuer!‹

Zitternd kniete sie dann nieder, faltete die Hände und betete, wie Unsere Liebe Frau uns gelehrt hatte:

›O mein Jesus, verzeih uns unsere Sünden ...‹

Sie blieb lange auf den Knien und wiederholte immer wieder dasselbe Gebet. Hin und wieder rief sie nach mir oder ihrem Bruder – als ob sie aus einem Traum erwachte:

›Francisco, Francisco! Wollt ihr nicht mit mir beten? Wir müssen viel beten, um die Seelen vor der Hölle zu retten! So viele kommen dorthin! So viele!‹ ...«[106]

Wir dürfen wohl davon ausgehen, daß die Visionen, in denen Jacinta so viele Menschen in das Feuer der Hölle stürzen sah, bedingte Visionen waren, d. h., jene Menschen waren auf dem Wege zum Verderben und konnten nur noch durch Opfer und Gebete anderer vor der ewigen Qual bewahrt werden.

Selbstverständlich sind die Worte Jesu vom ewigen Feuer und die Visionen der Kinder Bilder für eine unbeschreibbare, in Worte nicht zu fassende Wirklichkeit; aber sie sind keine heilspädagogischen Übertreibungen Gottes; denn Übertreibungen sind Unwahrhaftigkeiten; Gott aber ist die Wahrheit.

Diese Bilder und Visionen entsprechen der Furchtbarkeit jenes Zustandes, den wir Hölle nennen.

Zur fünften Erscheinung der Gottesmutter

13. September 1917 – Der Aufbruch Portugals

Einige Tage nach Mariä Himmelfahrt waren drei Polizeibeamte aus Vila Nova de Ourém in Aljustrel erschienen. Noch einmal waren Lucia, Francisco und Jacinta verhört worden, noch einmal hatte man ihnen gedroht: »Überlegt's euch gut, was ihr macht. Wenn ihr das Geheimnis nicht sagt, wird es euch das Leben kosten. Das ist der feste Entschluß vom Herrn Bezirksvorsteher.«

»Gut!« rief Jacinta freudig. »Ich liebe Jesus und die Gottesmutter so sehr. So komme ich schneller zu ihnen.«

Nun wachte man allmählich in Aljustrel auf. Einige begannen, um die Kinder zu bangen, und wollten sie in einen anderen Kreisbezirk schaffen, um sie vor den Machenschaften d'Oliveiras zu schützen. Man traute ihm zu, daß er tatsächlich mit seinen Drohungen Ernst machen könnte. Doch die drei tapferen kleinen Leute weigerten sich, fortzugehen: »Wenn sie uns umbringen, umso besser! Dann kommen wir früher ins Paradies.«

Der Vorsteher ließ jedoch fortan die Kinder in Ruhe und gab sich geschlagen. Er hatte nicht nur verloren, er hatte das genaue Gegenteil von dem erreicht, was er wollte. So, wie die kirchenfeindliche Presse die Leute aus allen Teilen Portugals nach Fatima holte, so hatten es seine Brutalitäten erreicht, daß man Lucia, Francisco und Jacinta mehr und mehr Glauben schenkte. Welch Heldenmut kleiner Kinder! Woher nehmen sie diese Kraft? Aus Lüge oder Hirngespinsten? Kaum zu glauben!

Nicht zuletzt auf Grund all der kirchenfeindlichen

Machenschaften wurden der 12. und 13. September für viele nicht nur zu einem Aufbruch nach Fatima, sondern zu einem ersten offensichtlichen Aufbruch des religiös darniederliegenden Portugals zu Gott.

Ein Augenzeuge berichtet: »In diesem Monat hatte ich nicht vor, nach Fatima zu gehen ... Als mich mein Freund am folgenden Morgen einlud, in seinem Wagen Platz zu nehmen, willigte ich jedoch mit Begeisterung ein. Am vorhergehenden Tag war ein schier endloser Schwarm von Menschen bei uns vorbeigekommen, die aus den Dörfern an der Küste stammten ... Während der Fahrt war ich tief ergriffen, und es kamen mir mehrmals die Tränen, als ich den Glauben und die glühende Frömmigkeit dieser vielen Tausende sah.

Straßen und Wege waren schwarz von Leuten. Es gab keinen Weg und keinen Steg, auch nicht den schmalsten Pfad, auf dem nicht Männer und Frauen der Hauptstraße zueilten. Es war ein Pilgerzug, der wirklich diesen Namen verdiente ... Nie im Leben habe ich eine so große und feierliche Glaubenskundgebung gesehen.

Gegen 10 Uhr kamen wir am Ziel unserer Fahrt an. Um diese Zeit war schon eine riesige Menschenmenge dort versammelt; alle nahten sich mit größter Ehrfurcht dem Ort der Erscheinung. Die Männer nahmen den Hut ab. Fast alle knieten und beteten inbrünstig. F. und ich begaben uns zum Haus der Kinder ... Ihre engelhafte Einfalt bewies, daß sie nicht logen.«[107]

Das Folgende sei nun »der Feder« Lucias entnommen: »Als die Stunde sich näherte, ging ich mit Jacinta und Francisco zwischen zahlreichen Personen hindurch, die uns kaum vorbeiließen. Die Wege waren voll von Leuten: alle wollten uns sehen und mit uns sprechen. Es gab dort keine Menschenfurcht. Zahlreiche Leute, darunter auch vornehme Damen und Herren, drängten sich durch die Menge, die uns umgab, hindurch. Sie warfen sich vor uns auf die Knie und baten uns, Unserer Lieben Frau ihr Anliegen vorzutragen. Andere, die nicht bis zu uns gelangen konnten, riefen von weitem: ›Um der Liebe Gottes willen, bittet Unsere Liebe Frau, sie möge meinen verkrüppelten Sohn heilen‹, ein anderer sagte: ›Sie möge mein blindes Kind heilen‹, wieder andere: ›Und das meine, das taub ist‹, ›sie möge meinen Mann und meinen Sohn aus dem Krieg heimbringen‹, ›sie möge mich von der Tuberkulose heilen‹ ...

Dort zeigte sich all das Elend der armen Menschheit. Einige riefen von den Bäumen und Mauern herab, auf die sie gestiegen waren, um uns vorbeigehen zu sehen. Indem wir es einigen versprachen und anderen die Hände reichten, um ihnen vom Boden aufzuhelfen, gingen wir weiter mit Hilfe einiger Männer, die uns einen Weg durch die Menge bahnten.

Wenn ich jetzt im Neuen Testament die wunderbaren Dinge lese, die sich ereigneten, als der Heiland durch Palästina wanderte, erinnere ich mich dieser Ereignisse, die ich als kleines Kind auf den armseligen Wegen und Straßen von Aljustrel nach Fatima und zur Cova da Iria erleben durfte. Ich danke Gott und opfere ihm den Glauben unseres guten portugiesischen Volkes auf. Ich denke: wenn diese Leute sich vor drei armen Kindern niederwarfen, nur weil ihnen barmherzigerweise die Gnade geschenkt wurde, mit der Gottesmutter zu sprechen, was würden sie erst tun, wenn sie Jesus selbst vor sich sähen? ...

Wir kamen schließlich in der Cova da Iria bei der Steineiche an.«[108]

Da Lucia grundsätzlich nur das berichtet, was sie selbst gesehen, und da sie in ihrer Ekstase die übrigen

Phänomene nicht wahrnahm, sei wieder auf die Zeugenaussagen anderer zurückgegriffen.

Zuvor soll der Genauigkeit halber bemerkt sein, daß nicht alle Anwesenden alle außergewöhnlichen Erscheinungen wahrnahmen – im Gegensatz zum großen Sonnenwunder am 13. Oktober – und daß einige aussagten, überhaupt nichts Besonderes festgestellt zu haben.

»Als die Kinder endlich bei der Steineiche angelangt waren«, so heißt es in dem teilweise schon zitierten Brief, »forderte Lucia die Umstehenden auf, zu beten. Ich werde niemals den tiefen Eindruck vergessen, als ich so viele tausend Menschen (ca. 15–20000 Personen) auf die Knie sinken sah. Sie weinten und beteten voller Glauben mit lauter Stimme um die mütterliche Fürsprache der Himmelskönigin ...

Was wir in dieser kurzen Viertelstunde erlebten, kann man nie vergessen; aber es ist nicht leicht zu beschreiben ...«[109]

»Plötzlich Jubelrufe aus der Menge! Tausende Arme erheben sich und weisen zum Himmel. Viele rufen sich zu:

»Schau, dort, schau! – Siehst du's nicht? Dort oben! Wie schön!« Eine Lichtkugel am Himmel schwebt majestätisch gen Osten. Die Sonne verliert ihre Leuchtkraft, so daß Mond und Sterne zu sehen sind. Die Atmosphäre nimmt eine gelbliche Färbung an. Ein weißes Wölkchen umgibt wieder die Steineiche und die Seher.

Lucia hat das Rosenkranzgebet abgebrochen und ruft freudestrahlend: »Da ist sie! Da kommt sie!«

Zur selben Zeit jubelt ein etwa zehnjähriges Mädchen aus der Volksmenge: »Ich seh' sie, ich seh' sie immer noch! ... Und nun kommt sie herunter.«

Dann hört man Lucia zu einem unsicht- und unhörbaren Gegenüber reden. Zur gleichen Zeit fallen seltsame weiße Flocken, kleinen Blümchen oder Schneeflocken ähnlich, vom Himmel. Wenige Meter über dem Erdboden lösen sie sich ins Nichts auf. – Dieses Phänomen wiederholte sich auch bei späteren Pilgerzügen und wurde vom Bischof von Leiria auf Grund persönlicher Erfahrungen bezeugt. –

Zehn Minuten lang dauerte wieder das Gespräch der Gottesmutter mit Lucia. Erneut ermunterte Maria die Kinder zum Rosenkranzgebet für den Frieden, sagte ihnen, wie bereits berichtet, daß Gott mit ihren Opfern sehr zufrieden sei, daß sie jedoch den Strick nur tagsüber tragen sollten, versprach wieder die Heilung einiger Kranker, andere hingegen werde sie nicht heilen.

Manche Leute sagten immer noch, Lucia sei eine Lügnerin. Sie verdiente, aufgehängt oder lebendig verbrannt zu werden. Deshalb bat das Mädchen die Gottesmutter noch einmal um ein Wunder, damit alle glaubten. Und noch einmal gab Maria ihr Versprechen, es am 13. Oktober zu wirken.

Schließlich hört man Lucia sagen:

»Nun geht sie fort.«

Zur selben Zeit ruft aus der Volksmenge das zuvor erwähnte Mädchen, das die Gottesmutter kommen sah:

»Dort ist sie! Dort ist sie! Sie steigt noch mal in die Höhe.« Dabei verfolgt das Kind mit seinen Augen die Lichtkugel, die wieder majestätisch am Himmel entlangzieht, bis sie im Glanz der Sonne verschwindet. Darauf erhält das Taggestirn seinen vollen Glanz zurück.

Die Seherkinder kehrten nun in Begleitung ihrer Eltern, die von weitem angstvoll die Vorgänge verfolgt, jedoch nichts Außergewöhnliches festgestellt hatten, nach Hause zurück. Die anderen Anwesenden tauschten in froher Begeisterung ihre Beobachtungen aus.

Überall bildeten sich Gruppen, in denen man ergriffen die Erlebnisse besprach. Dann zerstreute sich die Menschenmenge.

Zeichen und Wunder

Die Zeichen, die von den Pilgern zu beobachten waren, wurden von Erscheinung zu Erscheinung immer außergewöhnlicher und vielfältiger. Die Seher selbst, die drei Kinder, erlebten mehr oder weniger immer die gleichen Zeichen: ein blitzartiges Aufleuchten, eine eigenartige Verwandlung der Atmosphäre, das Herannahen eines hellen Lichtglanzes aus dem Osten, das Erscheinen einer lichterfüllten und glanzumstrahlten Frau auf einem Bäumchen und schließlich ihr Scheiden, wiederum in einem hellen Lichtglanz, der majestätisch nach Osten zieht, bis er in unendlichen Fernen entschwindet.

Würden wir von solchen Wunderzeichen und von den Engelerscheinungen in der Hl. Schrift lesen, dann würden dies heute mit Gewißheit viele von vornherein als literarische Einkleidungen übernatürlicher abstrakter Wahrheiten bezeichnen; sie würden den bloßen Symbolgehalt dieser Erscheinungen zu deuten wissen.

Zeifellos müssen wir mit der Möglichkeit rechnen, ja es ist sogar wahrscheinlich, daß in der Hl. Schrift übernatürliche Wahrheiten oder Heilsereignisse in einer anschaulichen, ausschmückenden Erzählung dargelegt wurden, denn das entspricht der damaligen jüdischen Lehrpraxis. Unter derartigem Schriftverständnis und derartiger Exegese leidet die Glaubwürdigkeit der Bibel nicht. Es wäre falsch, dagegen mit dem Pathos des Glaubensstreites anzugehen.

Aber sind wir heute nicht allzu leichtfertig bei der Hand, Berichte der Hl. Schrift, bei denen von außerge-

wöhnlichen Zeichen die Rede ist, von vornherein als ungeschichtlich, als bloße literarische Einkleidung, anzusehen? Übersehen wir dabei nicht geflissentlich solche Ereignisse, wie sie sich in Fatima und, in bescheidener Weise, auch sonst im Leben von Heiligen abspielten?

Gott trug im Alten Bunde sehr oft den Propheten auf, durch Symbolhandlungen sein Volk zu mahnen und zu warnen. Er schenkt uns die Gnade der Sakramente in faßbaren, verständlichen Zeichen. Er hat uns als sinnenhafte Wesen geschaffen; er kennt uns und weiß, wie sehr wir sichtbare Zeichen brauchen, damit unser Verstand etwas begreift, unser Herz es erfaßt und unser Wille bewegt wird. Unser Herr wußte, daß auch seine Jünger und Apostel solch greifbarer sichtbarer Zeichen für Kopf und Herz bedurften. Hat er nicht deswegen nach seiner Auferstehung mit ihnen gegessen und seine Wundmale betasten lassen?

Wollen wir nicht klüger sein als Gott, wenn wir meinen, der Mensch habe außergewöhnliche Zeichen zum Verständnis übernatürlicher Wahrheiten nicht notwendig? Zerschlagen wir Gott nicht seine Lehrmethode, wenn wir auf besagte Weise das Evangelium völlig »entfleischen«, nach und nach zu einem Skelett abstrakter Wahrheiten abnagen, alles Außergewöhnliche, alles Durchbrechen übernatürlicher Kräfte in unsere Welt, jede sinnfällige, anschauliche Offenbarung als nur ausschmückende Erzählung abwerten? Wohl bleibt uns die Glaubenssubstanz des Evangeliums dabei erhalten; aber verliert es nicht zuviel an Wärme, an Anziehungs- und Überzeugungskraft?

Natürlich gibt es heute auch Menschen, denen ihr Christsein erleichtert wird, wenn sie an diese oder jene biblische Schilderung außergewöhnlicher peripherer Begleiterscheinungen nicht zu glauben brauchen. Sie mögen dankbar gewisse Erklärungsversuche gläubiger moderner Bibelwissenschaftler – beispielsweise der Schilderung über die Himmelfahrt des Herrn – annehmen.

Natürlich ist es gut und notwendig, daß die moderne Exegese allem auf den Grund geht. Nicht gut aber wäre der bewußte oder unbewußte Ausgangspunkt: weil etwas außergewöhnlich, weil z. B. von Engeln und Himmelfahrt die Rede ist, deswegen müssen wir versuchen, die Sache anders zu erklären. Ebenso falsch wäre es, wenn Hypothesen als gesicherte Erkenntnisse angesehen und mit dem Stolz des Besserwissens verbreitet würden. Es mag unwissenschaftlich, ja sogar naiv erscheinen, die Ereignisse von Fatima zum Ausgangspunkt solcher Erwägungen zu machen. Das Gegenteil jedoch ist der Fall; denn von einer wissenschaftlichen Forschung verlangt man, daß jeder nur denkbare Faktor in Erwägung gezogen wird. Wer bewußt irgendeinen Gesichtspunkt unberücksichtigt läßt, verstößt gegen das Grundprinzip wissenschaftlicher Forschung. Nun ist die Exegese eine Glaubenswissenschaft und die Mystik ein, wenn auch außergewöhnliches, so doch nicht unbedeutendes und keineswegs fragwürdiges Element des Glaubens. Darum darf die Bibelwissenschaft mystische Erfahrungen nicht völlig aus ihren Überlegungen ausschalten. Damit ist keineswegs behauptet, daß sie eine beherrschende Rolle spielen und Ausgangspunkt wissenschaftlicher theologischer Erörterungen werden sollten.

Widrige und wichtige Befragungen

Für sehr viele, fast für alle anderen Kinder wäre es ein erhebendes Gefühl, derart im Mittelpunkt zu stehen wie die drei Hirtenkinder von Fatima – von so vielen

Verehrern umringt, befragt, bewundert und um Hilfe gebeten zu werden. Lucia, Francisco und Jacinta war all das lästig, ja qualvoll. Von Publicity hielten sie nichts, rannten ihr davon, versteckten sich vor ihr. Die Demut scheint ihnen wie angeboren gewesen zu sein. Gott hatte sie ihnen als besonderes Gnadengeschenk entweder schon »in die Wiege gelegt« oder zusammen mit all den anderen außergewöhnlichen Erweisen seiner Huld verliehen. Er hat die drei vor jenem geistlichen Schädling der Eitelkeit und des Stolzes bewahrt, der oft die liebevollsten, heroischsten und heiligsten Werke der Menschen wie ein Holzwurm durchnagt, entwertet oder zerstört.

Lucia, Francisco und Jacinta waren darauf bedacht, ihren »Verehrern« zu entfliehen oder sich vor ihnen zu verstecken – und Kinder sind im »Versteckspielen« findig. Eine kleine, nette Begebenheit aus der Feder Lucias:

»Eines Tages gingen wir auf dem Weg nach Fatima, als wir, schon nahe der Straße, einige Damen und Herren aus einem Auto steigen sahen. Wir zweifelten keinen Augenblick daran, daß sie uns suchten. Schon konnten wir nicht mehr fliehen, ohne erkannt zu werden. So gingen wir weiter, in der Hoffnung, unerkannt vorbeigehen zu können. Als die Damen bei uns ankamen, fragten sie, ob wir die Hirtenkinder kennten, denen Unsere Liebe Frau erschienen sei. Wir bejahten es. Ob wir wüßten, wo sie wohnten. Wir gaben ihnen alle nötigen Hinweise und liefen dann davon, um uns in den Feldern in der Nähe eines Waldes zu verstecken.

Jacinta war mit dem guten Ausgang der Sache sehr zufrieden und meinte: ›So müssen wir es immer machen, wenn sie uns nicht kennen.‹ ...«[110]

Der Pfarrer von Fatima warf Lucia einmal vor, daß sie sogar Priestern zu entweichen suchte. Lucia konnte dies nicht abstreiten. Tatsächlich gingen die drei Seher unbekannten Priestern so gut wie möglich aus dem Wege, weil sich einige Herren über Antworten lustig gemacht, spitzfindige und, was schwerer wog, aufdringliche Fragen gestellt hatten, die Seelengeheimnisse betrafen. Die schweigsamen, demütigen Kinder waren dadurch öfters in arge Verlegenheit geraten. Einer dieser Priester bekannte sich später auch namentlich demütig zu solchen Fehlgriffen.

Andere Priester dagegen verhielten sich sehr gewinnend und erbauend, so der Dechant von Tôrres Novas und der schon genannte P. Cruz SJ. Sie nahmen die Kinder ernst, respektierten ihre Geheimnisse und gaben ihnen gute Ratschläge für ihr geistliches Leben. P. Cruz lehrte sie einige Kurzgebete, darunter eines zu den Heiligsten Herzen Jesu und Mariä, das fortan zu ihren Lieblingsgebeten gehörte.

Ein gern gesehener Gast im Hause der Familien Marto und Santos war auch der Theologieprofessor von Lissabon, M. Nunes Formingâo, der unter dem Decknamen eines Visconde de Montelo zum Historiker Fatimas wurde. Er war zum ersten Male bei der Erscheinung am 13. September 1917 in der Cova da Iria zugegen, hatte damals schon die verschiedensten Informationen – auch über die Seher selbst und ihre Familien – gesammelt und kam seit dem 27. September öfters, um jedes Kind einzeln zu befragen. Das tat er jedoch mit so viel Takt und Liebenswürdigkeit, daß er bald das Vertrauen der Kinder gewann. Lucia schreibt über ihn:

»Die Fragen, die er mir stellte, waren ernst und eingehend. Ich hatte ihn gern, weil er tiefgründig von der Tugendübung sprach und mich einige Arten lehrte, sie zu üben ... Der hochwürdige Herr kam jeden Monat und stellte Fragen; zum Schluß gab er mir stets irgendeinen guten Rat.«[111]

Neue Leiden

Als Maria die Kinder bei der ersten Erscheinung fragte, ob sie bereit seien, jedes Leiden anzunehmen, hatte Lucia im Namen aller freudig geantwortet: »Ja, wir wollen es.« Nun nahm Gott sie immer wieder beim Wort.

Man könnte meinen, daß nach den aufsehenerregenden Ereignissen des 13. September die Verfolgungen im Elternhaus Lucias endgültig zu Ende waren. Jedoch das Gegenteil war der Fall.

»Da unser guter Gott an diesem Tage«, so schreibt Lucia, »keinen Lichtstrahl der Herrlichkeit (für die Eltern) durchscheinen ließ – vielleicht um uns dadurch Gelegenheit zu weiteren Opfern zu geben – verlor meine Mutter wieder den Mut, und die Verfolgung zu Hause fing von neuem an.«[112]

Nicht nur den Mut verlor Frau Santos, sondern bisweilen auch die Nerven. Dann griff sie nach dem Besenstiel oder einem Stück Brennholz und schlug damit auf ihre Jüngste ein. Kein Wunder, daß das Kind bei all dem Kummer immer mehr abmagerte und zusehends blasser wurde. Bisweilen erwachten dann das Mitleid, die Sorge und die Mutterliebe der resoluten, aufgebrachten Frau – aber nur vorübergehend. Nach kurzer Reue verlor sie bald wieder die Beherrschung.

Die Gereiztheit der sonst so liebenswürdigen und opferbereiten Frau war nicht ganz unverständlich, denn zu dem Ärger über die vermeintlichen Lügen ihrer Tochter gesellten sich noch schwere wirtschaftliche Sorgen.

Familie Santos hatte, wie bereits erwähnt, durch die unsolide Lebensführung des Vaters, gerade in dieser Zeit, einige Grundstücke eingebüßt und war schon dadurch in ernsthafte Existenznöte geraten. Nun führten die Ereignisse in der Cova da Iria zu weiteren schmerzlichen Verlusten.

Ein erster ergab sich dadurch, daß Lucia, Francisco und Jacinta immer wieder von der Weide geholt werden mußten, weil Leute sie sprechen wollten. Deswegen sahen sich die Eltern der Kinder schließlich genötigt, die Herden abzuschaffen.

Bedeutend schwerer noch wog für Familie Santos der totale Ausfall der Ernte aus den Grundstücken der Cova da Iria, den fruchtbaren Gemüseäckern und der guten Weide mit ihren Olivenbäumen, die Santos, wie berichtet, dort besaßen. Alle Feldfrüchte und alles Grün wurden von den Tausenden und Zehntausenden von Pilgern, ihren Reit- und Zugtieren niedergetrampelt. Was nicht zertreten wurde, fraßen die Tiere weg; absolut nichts blieb übrig.

Die Schuldige war natürlich Lucia. »Wenn du jetzt essen willst, dann geh und bitte diese Dame«, warf ihr die Mutter an den Kopf, und die Schwestern pflichteten bei: »Du kannst nun das essen, was noch in der Cova da Iria wächst!«

»Diese Dinge taten mir so weh«, offenbart uns Lucia, »daß ich nicht den Mut fand, auch nur ein Stück Brot zu nehmen und zu essen.« [113a]

Bei all dem Unrecht begehrte Lucia niemals auf. Auch litt ihre Kindesliebe in keiner Weise. Im Gegenteil, sie wuchs immer mehr, und mit ihr wuchsen die Ehrfurcht und die Hochschätzung vor der so strengen Mutter, der es letztlich nur um die Wahrhaftigkeit ihrer Tochter ging. Aufs Ganze gesehen aber trug Frau Santos ihr Leid mit einer gewissen Ergebenheit. Manchmal hörte Lucia sie sagen: »Sollte all dies die Strafe sein, die Gott mir für meine Sünden schickt? Wenn es so ist, sei Gott gelobt.« [113b]

So, wie sich Lucia nicht durch die Fehlgriffe der

Mutter verbittern ließ, so ließen sich alle drei Seher auch nicht durch das Unrecht, das ihnen von anderen widerfuhr, in der Nächstenliebe und in ihrem Seeleneifer beirren. Lassen wir wieder Lucia eine kleine Begebenheit berichten:

»In unserem Ort lebte eine Frau, die uns immer beschimpfte, wenn sie uns nur erblickte. Eines Tages trafen wir sie, als sie aus einer Kneipe kam. Die Arme, die nicht mehr ganz bei sich war, begnügte sich dieses Mal nicht damit, uns nur zu beschimpfen. – Als sie ihre ›Arbeit‹ beendet hatte, sagte Jacinta zu mir:

›Wir müssen zur Gottesmutter beten und ihr Opfer für die Bekehrung dieser Frau bringen. Sie sagt so viele Sünden und wird deswegen in die Hölle kommen, wenn sie nicht beichtet.‹

Einige Tage danach rannten wir an der Haustür dieser Frau vorbei. Plötzlich blieb Jacinta stehen, drehte sich um und fragte: ›Hör mal, wir werden doch morgen jene Dame (Maria) sehen?‹

›Richtig!‹

›Dann spielen wir nicht mehr. Bringen wir dieses Opfer für die Bekehrung der Sünder.‹

Und ohne daran zu denken, daß sie jemand beobachten könnte, erhob sie Hände und Augen zum Himmel und sprach ihr Aufopferungsgebet. Die Frau lugte aus einem Fensterchen ihres Hauses.

Bei nächster Gelegenheit erklärte sie daraufhin meiner Mutter, jenes Verhalten Jacintas habe sie so beeindruckt, daß sie keinen anderen Beweis mehr für die Echtheit der Erscheinungen brauche. Von da an ließ sie nicht nur ihre Beleidigungen, sondern bat uns inständig, Unsere Liebe Frau zu bitten, daß ihr ihre Sünden verziehen würden.« [114]

Dieser Stimmungsumschwung war allerdings nicht die allgemeine Regel in Fatima. Als beispielsweise nach den Erscheinungen, im Jahre 1919, Pfarrer Marques Ferreira die Gemeinde verärgert verließ, schrieb man auch dies fälschlich auf das Konto der Seher und der Erscheinungen. Sie hätten den guten und eifrigen Herrn verwirrt und verjagt. Manche der Frauen, die den Pfarrer schätzten, machten ihrem Ärger Luft, beschimpften Lucia, sooft sie ihr begegneten, und »verabschiedeten« sie mehrmals mit Ohrfeigen und Fußtritten.

Zur sechsten und letzten Erscheinung der Gottesmutter in Fatima

Gespannte Atmosphäre

Jesus hatte schon unzählige Kranke geheilt und viele andere Wunder gewirkt, doch genügte all das seinen Gegnern noch nicht. Sie verlangten von ihm ein Zeichen vom Himmel. Der Herr verweigerte es ihnen.

Unserer Zeit jedoch schenkte er in Fatima dieses Zeichen am 13. Oktober 1917.

Vor jenem denkwürdigen Tag war ganz Portugal in fieberhafter Erregung. Überall wurde von der Cova da Iria, von den Hirtenkindern und vom versprochenen Wunder geredet: auf den Feldern und den Straßen, in den Werkstätten und Fabriken, in den Wirtschaften und Cafés, in den öffentlichen Ämtern und sogar in Freimaurerlogen. Die einen waren voller Spannung und Erwartung; die anderen spotteten und versuchten, die Ereignisse und alle Beteiligten ins Lächerliche zu ziehen. Ja, man verbreitete – wahrscheinlich bewußt, böswillig abschreckend – sogar das Gerücht, die Behörden beabsichtigten, im Augenblick der angeblichen Erscheinung neben den drei Sehern eine Bombe zur Explosion zu bringen.

In Aljustrel erreichte die Sensationsstimmung ihr Höchstmaß und gipfelte in der Drohung gegen die Kinder und ihre Eltern: »Wenn das Wunder nicht geschieht …, dann sollt ihr mal sehen! Das werdet ihr büßen.« Die kochende Volksseele war derart zum Siedepunkt gelangt, daß Wohlmeinende den Eltern der Seher rieten, die Kinder allein zur Cova da Iria gehen zu lassen und sie nicht dorthin zu begleiten; denn vor einer Gewalttat gegen Kinder würde man wahrscheinlich doch zurückschrecken, sie, die Eltern, aber könnten von der wütenden Menge gelyncht werden, wenn das Wunder ausbliebe.

Die Eltern, Geschwister und Verwandten der Kinder schwankten zwischen Furcht und Hoffnung. Lucias Mutter ließ sich jedoch nicht, wie bisher, zu Zornesausbrüchen hinreißen. Das genaue Gegenteil zeigte sich und offenbarte jetzt wieder das gute, opferbereite Herz dieser Frau. Als man ihr riet, sich zu verbergen, erklärte sie: »Wenn meine Tochter stirbt, möchte ich an ihrer Seite sterben.«

Voll der Angst und Sorge, die letzte Stunde ihres Lebens könnte nun gekommen sein, stand Frau Santos am Morgen des 12. Oktober in aller Frühe auf, weckte Lucia und sagte: »Kind, es ist besser, wenn wir heute beichten. Man sagt, wir müßten morgen in der Cova da Iria sterben. Wenn die Madonna kein Wunder wirkt, werden uns die Leute umbringen; darum ist es besser zu beichten, damit wir auf den Tod vorbereitet sind.«

»Wenn du beichten willst, Mama«, entgegnete Lucia ruhig und gelassen, »dann gehe ich mit dir, allerdings nicht aus dem Grunde, den du nennst. Ich habe keine Angst, daß wir sterben müssen. Die Madonna wird ihr Versprechen halten.«

Solche Ruhe und Sicherheit blieben nicht ohne jede Wirkung. Frau Santos ließ darum ihr Vorhaben fallen.

Die drei Kinder waren die einzigen, die in Aljustrel und Umgebung ruhig blieben. Sie ließen sich weder von der Sensationslust der Leute noch von der Angst der Angehörigen erfassen, sondern lebten in der Vorfreude des Wiedersehens mit jener erhabenen, gütigen Frau.

Trotz Regen und Wind

Als Frau Santos am Morgen des 12. Oktober ihre Tochter in der Absicht, mit ihr zur hl. Beichte zu gehen, weckte, waren schon viele Pilger aus den entlegensten Teilen Portugals stundenlang unterwegs nach Fatima. Bereits tief in der Nacht waren sie aufgebrochen, und schon am Nachmittag des 12. Oktober trafen viele ein. Die Straßen, die zur Cova da Iria führten, waren jetzt schon überfüllt. Autos, Pferdewagen, Kutschen, Leute auf Reittieren, Gruppen rosenkranzbetender Fußgänger – viele barfuß – strebten dem Erscheinungsort entgegen. Das Wetter aber wollte mit der Begeisterung der Leute nicht mitspielen; es verhielt sich kühl, trübe und regnerisch. Beirren ließ sich aber keiner der Pilger von ihm. Alle waren entschlossen, trotz seiner Unfreundlichkeit die Nacht im Freien zu verbringen, um sich so einen möglichst guten Platz nahe dem Erscheinungsort zu erstehen.

Am Morgen des 13. Oktober zeigte der »Himmel« ein noch unfreundlicheres Gesicht. Der Regen wurde immer stärker und stürzte schließlich in Strömen aus den dahinjagenden Wolken. Die ganze Cova da Iria verwandelte sich in eine riesige Schmutzpfütze. Und schließlich, gegen Mittag, machte sich auch noch ein ausgelassener Wind lustig über die aufgespannten Regenschirme der Leute und peitschte den geduldig Wartenden das kalte Naß durch die Kleider bis auf die Haut.

Aber, so ungebärdig sich auch das Wetter verhielt, kein Mensch rührte sich vom Platz; nein, immer mehr wuchs die Volksmenge an, immer mehr Menschen strömten herbei.

Sie kamen aus allen Ständen und Schichten: Arme und Reiche, Gläubige und Ungläubige, Neugierige,

Beter und Berichterstatter der bedeutendsten Zeitungen – Arbeiter, Bauern, Ärzte, Advokaten, Professoren, Leute aus dem Adel und den höchsten Ständen. Ungefähr 50–70000 Menschen hatten sich in der Cova da Iria eingefunden. Zitternd vor Nässe und Kälte standen sie da – die meisten voll gläubiger Erwartung, einige nur aus Neugierde und verschiedene in hämischer Erwartung einer beispiellosen Blamage des gläubigen Volkes und damit in etwa auch des katholischen Glaubens.

Gegen Mittag kamen die Hirtenkinder in Begleitung ihrer Eltern an der Steineiche an.

»Wir verließen schon ziemlich früh das Haus«, berichtet Lucia, »da wir mit Verzögerungen auf dem Wege rechneten.[115] Mein Vater führte mich an der Hand bis zum Ort der Erscheinungen. Ich sah ihn jedoch nicht mehr vom Augenblick der Erscheinung an, bis ich mich abends wieder im Familienkreis befand.[116]

Meine Mutter, die fürchtete, dies werde der letzte Tag meines Lebens sein, und der die Ungewißheit über das Kommende das Herz zerriß, wollte mich (auch) begleiten.

Auf dem Wege die Szenen des vergangenen Monats, aber noch zahlreicher und bewegender. Nicht einmal der Schlamm auf den Wegen konnte diese Leute aufhalten, sich in demütig bittender Haltung niederzuknien.

Wir kamen schließlich in der Cova da Iria bei der Steineiche an. Unter einer inneren Eingebung bat ich das Volk, die Regenschirme zu schließen, um den Rosenkranz zu beten.«[117] Alle erfüllten die Bitte der Zehnjährigen, schlossen den Schirm, knieten im Schlamm nieder und beteten mit.

13. Oktober 1917 – Die letzte Botschaft von Fatima

Es ist Punkt 12 astronomischer Zeit. Lucia macht eine Gebärde der Überraschung, bricht das Gebet ab, ruft: »Jetzt hat es geblitzt«, schaut in die Höhe und jubelt: »Da ist sie! Da ist sie!«

»Schau gut zu, mein Kind«, mahnt Frau Santos, »und gib acht, daß du dich nicht täuschst.«

Aber Lucia hört ihre leibliche Mutter nicht mehr. Ihre Sinne sind ganz einer anderen zugekehrt. Ihr Gesicht wandelt sich. Es wird schöner, nimmt eine rosige Färbung an, die Lippen werden feiner und bleicher. Lucia und ihre Gefährten sind in Ekstase, leben für einige Minuten wie in einer anderen Welt.

Ein leichtes weißes Wölkchen, einer Weihrauchwolke gleich, bildet sich um die Seher und steigt fünf bis sechs Meter empor. (Dies wiederholt sich noch zwei weitere Male.)

Man hört Lucia wie bei den vorangehenden Erscheinungen fragen:

»Wer sind Sie, Senhora, und was wünschen Sie von mir?«

»Ich bin die Königin des Rosenkranzes und möchte dir sagen, daß hier eine Kapelle zu meiner Ehre erbaut werden soll und daß man weiterhin täglich den Rosenkranz bete. Der Krieg geht zu Ende; die Soldaten werden in Kürze nach Hause zurückkehren.« [118]

»Ich wollte Sie um vieles bitten: ob Sie einige Kranke heilen und einige Sünder bekehren möchten ...«

»Einige ja, andere nicht. Sie müssen sich bessern und um Vergebung ihrer Sünden bitten.« [119]

Dann schließt Maria ihre Botschaft, während Traurigkeit ihr Antlitz überschattet, und sagt mit liebevoll klagender Stimme, mit einer Stimme, die sich mehr noch als alles andere unvergeßlich dem Herzen Lucias einprägte:

»Sie sollen Gott den Herrn nicht mehr beleidigen, der schon so viel beleidigt worden ist.«[120]

»Welch liebevolle Klage, welch innige Bitte!« so schreibt darüber Lucia in späteren Jahren. »Oh, wie wünschte ich, daß alle Kinder der Himmelsmutter ihre Stimme hörten!«[121]

Das große Zeichen am Himmel

Nach der letzten Botschaft, der Kernbotschaft Fatimas, »Sie sollen Gott den Herrn nicht mehr beleidigen, der schon so viel beleidigt worden ist«, nimmt Maria Abschied von den Kindern. Sie öffnet wieder ihre Hände, die wie Sonnenlicht strahlen, und weist mit dem Finger zur Sonne. Dann erhebt sie sich und schwebt lichtumflutet davon.

Zugleich ruft Lucia, einer inneren Eingebung folgend, ohne sich in ihrer Ekstase der Volksmenge bewußt zu sein: »Schaut, die Sonne!«

Schlagartig hört der Regen auf, die Wolken zerreißen, die Sonne wird sichtbar. In silbernem Glanze steht sie da, schillernd gleich einer schönen Perle – treffender gesagt: einem glänzenden Rade gleich, das aus einer riesigen Perlmuttermuschel ausgeschnitten ist.

Mit einem Male beginnt die Sonne, um sich selbst zu kreisen – gleich einem Feuerrad, mit ungeheurer Geschwindigkeit. Bei diesem Tanz um sich selbst schleudert sie grüne, rote, gelbe, violette, blaue Strahlenbündel aus und taucht damit die ganze Landschaft in phantastische Farben. Hingerissen schauen die Leute zur Sonne und blicken einander erstaunt an. Da sehen sie auch ihre Gesichter abwechselnd in den verschiedensten Farben des Regenbogens leuchten.

Dann, nach etwa drei Minuten, bleibt das Tagesgestirn einen Augenblick stehen. Doch nach kurzer Zeit beginnt der Tanz der schillernden Sonnenscheibe von neuem.

Noch ein zweites Mal hält die Sonne inne, um dann zum dritten Male ihr Lichtspiel zu wiederholen – noch farbenprächtiger und glänzender als zuvor.

Atemlos, ganz außer sich, wie gebannt steht die Menge da und starrt zum Himmel.

Plötzlich, ein ungeheurer, vieltausendstimmiger Angstschrei! Es ist, als löste sich die Sonne vom Firmament. In ungeheurer Geschwindigkeit, weiterhin um sich selbst kreisend, nähert sie sich in Zickzacksprüngen blutrot der Erde, einem rasenden Mühlstein gleich, und droht alles unter sich zu zermalmen.

Die Leute fürchten, das Ende der Welt sei gekommen, werfen sich im Schlamm auf die Knie, beten Reueakte, schreien und weinen. Viele kommen von allen Seiten zu zwei kleinen Dorfkapellen, die sich in wenigen Augenblicken füllen und keinen Platz mehr bieten.

Dann, nach einigen schrecklichen, langen Sekunden, verwandelt sich das Angstgeschrei in Jubelrufe:

»Ein Wunder, ein Wunder!« – »Ich glaube an Gott!« – »Ave Maria!«

Ein Ungläubiger, der den ganzen Vormittag nichts anderes zu tun hatte, als die Pilger zu verspotten, die eigens nach Fatima gekommen seien, nur um ein kleines Mädchen zu sehen, steht während des ganzen Sonnenwunders wie gelähmt da. Mit weit aufgerissenen Augen betrachtet er staunend die Sonne. Dann fängt er an, vom Kopf bis zu den Füßen zu zittern. Schließlich erhebt er seine Hände zum Himmel, fällt auf die Knie, ohne auf den Schmutz der Straße zu achten, und schreit: »Die Madonna, die Madonna!« Etwas anderes vermag er nicht zu sagen.

Otto Bohr berichtet in »Rom – Moskau – Fatima« das Folgende: »Ein alter Mann, bis jetzt ungläubig, streckte die Arme empor und rief: ›Heilige Jungfrau! Gebenedeite Jungfrau!‹ Die Tränen strömten ihm über die Wangen. Ganz hingerissen stand er da mit erhobenen Händen wie ein Prophet und rief mit aller Kraft: ›Königin des Rosenkranzes, rette Portugal!‹

Ähnliche Szenen spielten sich überall ab.« [122]

Aber nicht alle Anwesenden fanden durch dieses Wunder zum Glauben.

Ein ungläubiger Professor, der Augenzeuge der Ereignisse war und der von all den vielen Zeitungsberichten über das Geschehen den ausführlichsten veröffentlichte, schließt diesen mit der Bemerkung: »Alle die Phänomene, die ich anführte und beschrieb, habe ich kaltblütig, heiter, ohne irgendeine Bewegung beobachtet. Ich überlasse es anderen, sie zu erklären und zu deuten.« Von der Vision der zur Erde stürzenden Sonne sagte er jedoch: »Es waren Sekunden eines schreckenerregenden Eindrucks.« [123]

Nicht nur am Erscheinungsort sah man die Phänomene. Auch diejenigen, die in der Cova da Iria keinen günstigen Platz fanden und es wohl deswegen vorzogen, von den drei bis vier Kilometer entfernten Hängen die Ereignisse zu beobachten, ebenso die Bewohner der umliegenden Ortschaften erlebten das Sonnenwunder in gleicher Weise mit. Bis zu einer Entfernung von 30, 40 Kilometern wurde es beobachtet.

Während alle anderen das Sonnenwunder gebannt bestaunten, hatten Lucia, Francisco und Jacinta zunächst eine andere Vision.

Zuerst sahen sie die Hl. Familie: rechts neben der

Sonne die Mutter Gottes, links den hl. Josef mit dem Jesuskind. Alle segneten die Welt mit dem Zeichen des Kreuzes.

Nach kurzer Zeit verschwand diese Erscheinung. Es folgte eine andere: Unser Herr, der wiederum die Welt segnete. Danach durften die Kinder noch zweimal Maria schauen – einmal in der Gestalt der Schmerzensmutter und einmal im Bilde Unserer Lieben Frau vom Berge Karmel. Nach diesen Erscheinungen erlebten auch die Seher die Sonnenphänomene.

Nach dem Sonnenwunder

Nachdem Gott dieses in der Welt- und Kirchengeschichte einmalige Zeichen am Himmel gewirkt hatte, stellten die Leute fest, daß sich in der Zwischenzeit ein anderes kleineres Wunder an ihnen vollzogen hatte. Ihre Kleider, die vor zehn Minuten noch vor Nässe trieften, waren auf einmal völlig trocken.

Verblüfft sah einer den anderen an, und dann brach eine unvorstellbare Begeisterung aus. So ähnlich, wie sich die Menschen nach der Brotvermehrung auf Jesus stürzten, um ihn zum König zu machen, so ähnlich stürzten jetzt die Pilger auf die drei kleinen Seher. Jeder wollte sie sehen, jeder wollte sie berühren, jeder wollte sie ausfragen. Die kleine Jacinta begann zu weinen. Ein beherzter Mann nahm sie auf seine Arme und trug sie bis zum Straßenrand zu ihren Eltern. Francisco wußte sich selbst zu helfen. Wendig und heiter bahnte er sich mit seinen Ellenbogen einen Weg.

Nun blieb Lucia allein dem Ansturm der Massen ausgesetzt. Doch auch sie fand schließlich einen

»Retter«, einen hünenhaften jungen Mann, der sie kürzlich wegen eines Gebetsanliegens aufgesucht und der ihr durch seine Größe einen heftigen Schrecken eingejagt hatte, so daß sie ihm schließlich davongelaufen war. Er nahm sie jetzt auf seine Arme und trug sie hoch über den Köpfen der anstürmenden Leute davon, so daß jeder sie sehen konnte. Dann stolperte er und fiel. Lucia jedoch stürzte nicht, da sie von der zusammengepferchten Menge getragen wurde. Andere ergriffen und trugen sie aus dem Gedränge heraus.

Als das Mädchen zu Hause ankam, mußte es feststellen, daß nicht nur sein Kopftuch verschwunden war, sondern daß auch – zum großen Ärger seiner Mutter – die langen Zöpfe fehlten und sein Haar kürzer geschoren war als das eines Jungen.

Visionen beanspruchen alle Sinne und Geisteskräfte des Sehers und erschöpfen deswegen genauso wie hochintensive geistige Tätigkeiten. Ganz besonders offenbarte sich das verschiedentlich in Lourdes an der kränklichen Bernadette.

Aber auch »unsere« gesunden kleinen Seher hätten jetzt etwas Ruhe gebraucht. Sie war ihnen nicht vergönnt.

»Den Nachmittag dieses Tages«, schreibt Lucia, »verbrachte ich mit meinem Vetter und meiner Cousine, als wären wir irgendein seltsames Tier, das die Menge sehen und beobachten wollte.

Am Abend war ich wirklich müde von so vielen Fragen und Verhören. Diese hörten nicht einmal auf, als die Nacht hereinbrach. Verschiedene Leute, die mich nicht hatten fragen können, blieben bis zum nächsten Tage, bis sie an der Reihe waren. Einige wünschten mich noch abends zu sprechen; aber ich ließ mich, von Müdigkeit überwältigt, auf den Boden sinken, um zu schlafen. Gott sei Dank wußte ich zu jener Zeit noch nichts von Menschenfurcht und Eigenliebe; deshalb verhielt ich mich zu allen so ungezwungen, als ob es meine Eltern wären.

Am folgenden Tag gingen die Verhöre weiter oder, besser gesagt, an den folgenden Tagen … Alle wünschten die Seherkinder zu sehen, ihnen Fragen zu stellen und mit ihnen den Rosenkranz zu beten.

Manchmal fühlte ich mich so erschöpft von der ständigen Wiederholung und vom Beten … Ich wiederholte dann mein gewohntes Gebet im Grunde meines Herzens: ›Aus Liebe zu dir, mein Gott, zur Wiedergutmachung der Sünden, die gegen das Makellose Herz Mariens begangen werden, für die Bekehrung der Sünder und für den Heiligen Vater.‹ …«[124]

Die Privatoffenbarung

»Es ist keine öffentliche Offenbarung mehr zu erwarten vor der Erscheinung unseres Herrn Jesus Christus in Herrlichkeit«[125], so lehrt das II. Vatikanische Konzil, so lehrt die Kirche von jeher.

Nach dem Tode des letzten Apostels ist die allgemeine Offenbarung abgeschlossen.

Das heißt jedoch nicht, daß die Prophetie in der Kirche ganz verstummt wäre. Gott spricht auch heute noch in Ausnahmefällen direkt zu einzelnen begnadeten Menschen, um sie persönlich zu führen, sie noch näher an sich zu ziehen und dadurch indirekt dem gesamten mystischen Leibe Christi, der Kirche, zu dienen. Von solchen »Privat«-Offenbarungen im echten Sinne des Wortes werden wir noch aus der letzten Lebenszeit Jacintas hören.

Bisweilen richtet Gott durch Charismatiker auch Wünsche und Appelle an alle Menschen; denn, »wenn es an Prophezeiungen fehlt«, schreibt Thomas von Aquin, »verfällt das Volk; und darum sind zu jeder Zeit Menschen von Gott her darüber unterwiesen worden, was zu tun war.« [126]

Sobald feststeht, daß Gott gesprochen hat, können wir uns nicht mehr schuld- und folgenlos seinem Wunsch und Willen verschließen. Karl Rahner schreibt 1952 in einer Studie über »Visionen und Prophezeiungen«: »Hat Gott gesprochen und steht diese Tatsache fest, das heißt, ist sie für mich in genügender Weise bezeugt, dann ergibt sich für mich ohne weiteres die Pflicht des Hörens, des Gehorsams und des Glaubens, sofern nur irgendwie der Inhalt des Gehörten auch mich betrifft.« [127]

Da aber Sinnestäuschungen – selbst bei Menschen, die schon echte Visionen hatten – möglich sind, und, mehr noch, da es zu allen Zeiten falsche Propheten (krankhaft veranlagte Menschen, naiv-fromme Schwindler, wichtigtuerische und demagogische Betrüger) gab, gibt und geben wird, ist nicht nur der kirchlichen Autorität, sondern jedem einzelnen Besonnenheit und Zurückhaltung gegenüber »Privatoffenbarungen« geboten, solange nicht erwiesen ist, daß Gott gesprochen hat.

Gerade in so unsicheren und unruhigen Zeiten wie den unsrigen mehren sich die selbstgesandten Propheten, schaffen Verwirrung, stiften Unfrieden, untergraben das Ansehen der kirchlichen Autorität und machen, ohne es zu beabsichtigen, den Glauben lächerlich. Deswegen ist es besser, etwas zu kritisch als zu leichtgläubig zu sein, sofern man nur offen bleibt für Gottes Anruf.

Auch echte Prophezeiungen und Visionen wollen – wie ja auch die allgemeine Offenbarung – richtig verstanden und sachgerecht ausgelegt werden. Es wurde schon in anderem Zusammenhang kurz darauf hingewiesen, daß Prophezeiungen, die Zukünftiges voraussagen, meist bedingt und daß Gesichte – wie beispielsweise die Höllenvision der Seher von Fatima – imaginativ, bildhaft sind. Übernatürliches wird in einem inneren Bilde, und zwar in einem Bilde, das der Vorstellungswelt des Visionärs entgegenkommt, veranschaulicht. Deswegen haben Gesichte meist eine subjektive Note und können Menschen einer anderen Vorstellungswelt fremdartig, seltsam oder sogar unglaubwürdig erscheinen. Ja, wir müssen damit rechnen, daß sich aus dem Unterbewußtsein des Visionärs bildhafte und worthafte Elemente einmischen, die nicht von Gott, sondern eben aus der Phantasie und dem Unterbewußtsein des Visionärs kommen und damit nicht zum Kern der Vision (des Gesichtes) bzw. der Audition (der Botschaft), also nicht zur Offenbarung gehören.

Ferner sollte man wissen, daß wahrscheinlich auch die Erscheinungen des Herrn und der Gottesmutter – von denen der übrigen Heiligen, die ja noch keinen Auferstehungsleib besitzen, ganz zu schweigen – nie körperhaft, sondern vermutlich immer nur bildhaft sind.

Dem hl. Paulus ist der Herr – so wie den Aposteln nach der Auferstehung – in seiner ganzen Wirklichkeit persönlich, körperhaft erschienen, allen anderen Heiligen anscheinend nur in einem der Phantasie übernatürlich eingegebenen Bild.

Auch müssen wir wohl davon ausgehen, daß die Visionen über das Leben Jesu und Marias keine Dokumentation über deren Leben sind. So wenig wie es in der Hl. Schrift darum geht, unsere Neugier zu befriedigen und uns deswegen die Bibel weder das genaue Aussehen noch den exakten Lebenslauf ihrer Gestalten schildert, genausowenig geht es um diese Äußerlichkeiten bei Visionen. Durch solche »Schauungen« sollen – ähnlich wie durch die Evangelien – vor allem der Glaube, die Liebe und die Hoffnung geweckt bzw. entfaltet werden. Die Visionen begnadeter Menschen über das Leben Jesu und Marias wollen gewiß nicht biographische Lücken der Evangelien schließen; sie sind wohl keine Offenbarungen über geschichtliche Fakten. Es sind Vorstellungen, die Gott gnadenhaft und außernatürlich in der Phantasie des Visionärs weckt, Gesichte, bei denen er wiederum an die Einbildungskraft und Vorstellungswelt des Visionärs anknüpft.

Da diese Eigentümlichkeiten der Visionen und Prophezeiungen von vielen nicht richtig gesehen werden, läßt sich mancher von ihnen beirren.

Doch, so verfehlt wie es ist, zu sagen »Wenn nicht alles buchstäblich so geschehen ist, wie es die Hl. Schrift berichtet, dann glaube ich überhaupt nichts mehr«, genauso falsch ist es, wenn man die Privatoffenbarungen wegen ihrer Problematik als unseriös verächtlich beiseite schiebt.

Karl Rahner mahnt in seiner bereits genannten Schrift alle, die sich grundsätzlich dem Appell solcher Gottesbotschaften verschließen, zu einer ernsten Gewissenserforschung. Er schreibt: »Jeder muß sich aber, will er Christ sein, fragen, ob er nicht in einer Haltung lebt, die solcher Offenbarung Gottes von vornherein verschlossen ist, und ob er nicht nur darum den visionären Geschehnissen in der Schrift billigend und glaubend gegenüberzustehen scheint, weil sie ihm gewohnt sind, nicht aber, weil sie in ihm nicht sofort auf einen rationalistischen Protest stoßen würden, wenn sie ihm neu begegneten.«[128]

Was Gott tut und sagt, kann niemals unverbindlich

oder fragwürdig sein. Er ist in der Privatoffenbarung genauso wahrhaftig wie in der allgemeinen. Nur geht es ihm bei der einen wie bei der anderen nicht um die Ziele eines modernen Geschichtsschreibers, und in der einen wie in der anderen redet er in der Sprache und in der Vorstellungswelt der jeweiligen Zeit bzw. des Menschen, zu dem er spricht.

Aber, so könnte man fragen, wozu Privatoffenbarungen? Der Wille Gottes ist uns kundgetan; der Weg zum Heil ist gewiesen; die Mittel zur Erlangung des ewigen Lebens sind uns geschenkt; ja, Gott selbst hat sich in seinem Sohn Jesus Christus geoffenbart. Diese Offenbarung ist unüberbietbar. »Mit Christus ist die ›letzte Zeit‹ da, nicht vorläufig, sondern endgültig, (so) daß wir im Äon Christi nichts mehr erwarten dürfen, was unsere Heilssituation wesentlich verändern könnte«,[129] *schreibt Rahner in der genannten Schrift und fügt mit anderen Worten an, was uns noch ausstehe, sei allein die Wiederkunft unseres Herrn, das Erscheinen Christi in Herrlichkeit, die »Offenbarung Gottes in der Geschichte, die die Geschichte aufhebt.«*[130]

Und trotzdem sind die Privatoffenbarungen nach der Ansicht Rahners für unser Glaubensleben keineswegs bedeutungslos. Sie sind, wie er schreibt, »der von Gott einem Glied der Kirche inspirierte Imperativ für das Handeln der Kirche in einer bestimmten geschichtlichen Situation ... Man sollte nicht zu schnell das Charisma des Propheten mehr oder weniger als ein vorübergehendes Privileg der Urkirche betrachten ... Das Prophetische in der Kirche hat also trotz der Abgeschlossenheit der Offenbarung eine unersetzliche Bedeutung in der Kirche, die weder durch die allgemeine Theorie der Theologie, noch durch die natürliche und übernatürliche Klugheit kirchlichen Amtes an sich, noch durch Mystik (im Sinne einer möglichst bildlosen »reinen Beschauung«) ersetzt werden kann.«[131]

Vielleicht läßt sich mit gewissen Vorbehalten der Unterschied zwischen der allgemeinen und der Privatoffenbarung so beschreiben:

Allgemeine Offenbarung	*Privatoffenbarung*
	dem Inhalt nach:
Enthüllung übernatürlicher Geheimnisse,	*Festigung im Glauben an sie (in Fatima: Himmel, Fegfeuer, Hölle, Gemeinschaft der Heiligen, Wert von Sühne, Opfer und Gebet),*
Verkündigung des Willens Gottes,	*Appell, ihn zu befolgen,*
allgemeine überzeitlich gültige Gebote,	*konkrete Weisungen für eine bestimmte geschichtliche Heilssituation (Rosenkranz, Verehrung des Makellosen Herzens Marias),*
(abgesehen von den prophetischen Strafandrohungen im AT) absolute, unverrückbare, aber trotzdem meist dunkle Prophezeiungen,	*meist bedingte, abänderbare und klarere Voraussagen zur Weckung von Umkehr und Sühne,*

der Form nach:

offen vor den Augen und zu Ohren des gesamten damaligen Gottesvolkes (insbesondere im menschgewordenen Sohn Gottes),	*nur an einzelne, (da keine wesentlich neue Offenbarung,) jedoch im Hinblick auf alle. (Fatima hat auffällig öffentlicheren Charakter als andere Privatoffenbarungen.)*

Aus all dem folgt:

Wer alles tut, was Gott in der allgemeinen Offenbarung gebietet, und alles glaubt, was er dort offenbart, wird im wesentlichen auch den Zielen, die Gott mit der Privatoffenbarung verbindet, gerecht. Wer jedoch einem zeitgebundenen konkreten persönlichen oder allgemeinen Anruf Gottes in unserer Zeit nicht nachkommt, die außergewöhnlichen Impulse, Anregungen und Wünsche Gottes übergeht, der verscherzt sich und anderen dadurch auch außergewöhnliche Gnaden.

Für diejenigen aber, die Gottes allgemeiner Offenbarung nicht glauben und seine Gebote nicht halten, könnte es zudem zu einem härteren Gerichte kommen, wenn sie die Umkehrappelle der Privatoffenbarungen mißachten – insbesondere, wenn sie durch so gewaltige Wunder wie die in Fatima beglaubigt sind.

Wenn Gott in Fatima 70000 Menschen – Gläubigen und Ungläubigen – ein so unbestreitbares Zeichen gegeben hat, verlangt er auch Konsequenzen von unserer Zeit.

Es ging Gott in Fatima nicht primär um drei Hirtenkinder, so sehr er sie auch liebte und begnadete.

Sie waren nur Boten. Es ging ihm um eine Botschaft und um einen Appell an die ganze Welt.

FÜNFTER TEIL

DIE SEHER NACH DEN ERSCHEINUNGEN

Kinder wie alle anderen?

Wie ein Pfingststurm waren die Erscheinungen des Engels und der Gottesmutter in das Leben der drei Kinder eingebrochen. So wie der Heilige Geist am Pfingstfest die unverständigen, ehrgeizigen, ängstlich-feigen Apostel in einem einzigen Gnadenakt erleuchtete und umwandelte, so waren Lucia, Francisco und Jacinta plötzlich andere geworden. Gnaden, um die viele Heilige jahrelang ringen mußten, wurden den drei Hirtenkindern in einigen Monaten, ja zum Teil in einigen Sekunden geschenkt. Fehler, mit denen wir – nach Gottes weiser Vorsehung – einen bisweilen harten und langwierigen Kampf führen müssen, waren bei jenem »Pfingststurm« wie dürres Geäst heruntergebrochen.

Äußerlich hatte sich an den dreien weniger verändert. »Es sind Kinder wie alle anderen«, meinte der oberflächliche Beobachter. Ja, es blieben ganz natürliche, echte Kinder, Kinder, die lachten und weinten und mit anderen spielten, ohne sich als die heiligen Seher großzutun.

Wer tiefer blickte, spürte aber, daß in ihnen etwas Außergewöhnliches lebte, eine geheimnisvolle Wirklichkeit, die dem Durchschnittsmenschen rätselhaft bleibt. Deshalb begegnete man ihnen auch bisweilen – außerhalb wie innerhalb der Familie – mit einer gewissen Scheu. »Es ist ein Geheimnis, das man nicht begreift! Es sind Kinder wie die anderen, und doch spürt man bei ihnen etwas anderes«, bemerkte Frau Marto gelegentlich nachdenklich vor ihrer Schwägerin, Frau Santos.

Äußerlich blieben die Seher wie alle Kinder der Welt, innerlich dagegen ganz und gar nicht. Lucia sagt von Jacinta, sie wäre nur den Jahren nach ein Kind gewesen. Dasselbe läßt sich auch von den anderen beiden sagen.

In ihrem Denken und Urteilen, in ihrem Wünschen und Streben glichen sie nunmehr anderen Kindern in keiner Weise. Ja, sie hatten durch den Umgang mit dem Engel, mit Maria und mit Gott eine Reife erlangt, die mancher Erwachsene vermissen läßt. Ihnen war in kurzer Zeit in hohem Maße das von Gott geschenkt worden, was die Hl. Schrift »Weisheit« nennt, also jene Tugend, die alles mit den Augen Gottes sieht, die es versteht, die Dinge gut zu taxieren, ihnen den richtigen Stellenwert zu geben, das Wesentliche, Bleibende an die erste und das Belanglose, Flüchtige an die letzte Stelle zu setzen und nicht Unwesentliches ungemein ernst und Wesentliches erschreckend leicht zu nehmen.

Wir mögen uns schon manchmal bei Aussprüchen Jacintas die Frage gestellt haben: »Spricht so ein Kind?« Und wir werden jetzt aus der Zeit der Krankheit dieses Kindes – es war damals neun, zehn Jahre alt – Worte hören, die einer klugen Novizenmeisterin gut zu Munde stünden, Worte, die es weder aufgeschnappt noch gelesen haben kann. Die Oberin eines Kinderheimes, von der kleinen Seherin »Patin« genannt (näheres später), hat uns diese Aussprüche übermittelt:

»Liebe Patin, fliehen Sie den Luxus, suchen Sie nicht den Reichtum! Lieben Sie die Armut und das Schweigen.«[132]

»Meine gute Patin,
beten Sie viel für die Sünder ...
beten Sie viel für die Priester ...
beten Sie für die Ordensleute ...
beten Sie für die Regierungen ...«[133]

»Bringen Sie auch den Bösen viel Liebe entgegen.

Sagen Sie von niemandem etwas Böses, und fliehen Sie jene, die Böses über den Nächsten reden. Haben Sie viel Geduld, denn die Geduld bringt uns ins Paradies.«[134]

»Abtötung und Opfer gefallen Jesus sehr.«[135]

»Eine Klosterfrau muß an Seele und Leib sehr rein sein.«[136]

Als die Oberin Jacinta nach der letztgenannten Bemerkung fragte, ob sie denn wüßte, was das bedeute, »rein sein«, gab Jacinta zur Antwort:

»Ich weiß es. Rein sein am Leib heißt, die Keuschheit bewahren; rein sein an der Seele heißt nicht sündigen, nichts anschauen, was man nicht anschauen soll, nicht stehlen, nicht lügen, immer die Wahrheit sagen, mag es auch viel kosten.«[137]

»Aber von wem hast du das alles gelernt?« wollte die »Patin« wissen.

»Von der Madonna; doch manches denke ich auch selbst. Ich denke doch so gern!«[138]

Viele Erkenntnisse konnte Jacinta nicht aus eigener Überlegung und in der damaligen Zeit auch nicht vom Hörensagen haben, wie die folgenden Aussprüche zeigen:

»Der Ungehorsam von Priestern und Ordensleuten gegen die eigenen Oberen und gegen den Heiligen Vater mißfällt dem Heiland sehr.«[139]

»Die Priester sollten sich nur mit den Angelegenheiten der Kirche und der Seelen beschäftigen.«[140]

»Die Priester sollen rein sein, ganz rein.«[141]

Noch weniger lassen sich die prophetischen Voraussagen Jacintas natürlich erklären. Sie hat ihr eigenes Schicksal verschiedentlich Lucia, wie uns diese berichtet, klar vorausgesagt.

Jacinta prophezeite unter anderem den Tod eines Arztes, der sie behandelte. Als dieser sich ihrem Gebet im Himmel empfahl, schaute sie ihn lange an. Darauf: »Sie werden mir bald nachkommen.« [142] Als ein zweiter Arzt einige Zeit danach sich und seine Tochter ebenfalls ihrer Fürsprache empfahl, heftete sie ihren Blick auch auf ihn und sagte ihm voraus: »Auch Sie werden mir bald nachkommen – zuerst Ihre Tochter und dann Sie, Herr Doktor.« [143]

Beide Prophezeiungen gingen in Erfüllung – ebenso die folgende:

»Die Madonna möchte«, sagte Jacinta eines Tages der Oberin, »daß meine Schwestern Klosterfrauen werden; aber meine Mutter will es nicht; deshalb wird die Madonna bald kommen, um sie (ihre Schwestern) ins Paradies zu holen.« [144]

Die Geistsendung hatte die Apostel blitzartig auf eine höhere Erkenntnisstufe erhoben, so daß sie nun auf einmal in der Lage waren, all das, im Gegensatz zu vordem, zu begreifen, was ihnen Jesus gesagt hatte. Den Lernprozeß, das Suchen nach der Wahrheit, ersparte ihnen Gott damit jedoch nicht. Vieles durchschauten sie nicht sogleich. Auf manche Frage wußten sie zunächst keine klare Antwort. Wahrheiten, die wir eindeutig formuliert besitzen, standen ihnen anfangs nur verschwommen vor Augen oder waren überhaupt noch nicht in ihr Bewußtsein getreten. Mit Hilfe des Geistes, den sie empfangen hatten, sollten sie sich nach und nach immer tiefer in die Erkenntnis des Willens, des Waltens und des Wesens Gottes hineintasten.

So ähnlich verhält es sich mit den drei kleinen Sehern von Fatima. Blitzartig war ihnen eine Gotteserkenntnis und eine Lebensweisheit geschenkt worden, die keiner unserer noch so großen Theologieprofessoren besitzt, sofern ihm nicht auch mystische Erfahrungen zuteil wurden. (Auch Karl Rahner hätte dies schmunzelnd zugegeben.) Der menschliche Geist, der diese empfangen hat, lebt auf einer Erkenntnisstufe, die durch kein Studieren und kein Überlegen erreicht werden kann. Doch bleibt auch dem Mystiker der Lernprozeß nicht erspart. Und so hoch und erhaben seine Weisheit ist, so bescheiden und gering kann sein Wissen sein.

Lesen und Schreiben haben Francisco und Jacinta nie gelernt. Sie hielten es für sinnlos, zur Schule zu gehen, da Maria ihnen vorausgesagt hatte, daß sie bald sterben würden. Lucia besuchte auf den Wunsch der Gottesmutter schließlich die Schule und erwarb sich eine gute sprachliche, nahezu dichterische Ausdrucksfähigkeit. Rechtschreibung dagegen wurde nie ihre Stärke. – Kein Wunder, denn sie war schon zehn bis elf Jahre, als sie »eingeschult« wurde!

Auch in religiösen Fragen gelangten die Kinder nur langsam, Schritt für Schritt, aus ihrer kindlichen Unwissenheit zu besserem Verstehen. Ein Gespräch nach den Engelerscheinungen kann diesen Erkenntnisweg und das Nebeneinander von krasser kindlicher Unwissenheit und tiefer Gotteserfahrung veranschaulichen.

»Hast du die Nacht geschlafen?« fragte Francisco Lucia. »Ich dachte immer an den Engel und an das, was er wohl gesagt hat.«[145]

Lucia berichtete ihm alles, aber er begriff die Bedeutung einiger Worte nicht, und so fragte er weiter: »Was ist denn der Allerhöchste? Und was bedeutet das: Die Herzen Jesu und Mariä hören auf eure Bitten?« Als er die Antwort erhalten hatte, dachte er ein wenig nach, kam dann aber gleich wieder mit anderen Fragen, was die sechsjährige Jacinta zu der etwas altklug klingenden Bemerkung veranlaßte: »Hör zu! Von diesen Dingen spricht man nur wenig.«[146]

Einige Zeit danach ging das Fragen Franciscos weiter. »Der Engel hat dir die hl. Kommunion gegeben. Was aber war es, das er Jacinta und mir gereicht hat?« (Er hatte ihnen, wie bekannt, den Kelch gespendet.)

»Es war auch die hl. Kommunion«, antwortete Jacinta, die wie Francisco noch nicht zur Erstkommunion gegangen war, mit einem Ausdruck tiefen Glükkes. »Hast du nicht gesehen, daß Blut aus der Hostie tropfte?«

»Ich habe es gespürt, daß Gott in mir war, ich wußte nur nicht wie.«[147] Natürlich handelte es sich hierbei nicht um eine eucharistisch-sakramentale, sondern um eine – in höchstem Maße – geistig-geistliche Kommunion.

So wie der Geist Gottes die Apostel blitzartig auf eine höhere, uns unerreichbare Erkenntnisstufe erhob und wie trotzdem manche Frage für sie offenblieb, so wandelte er auch in einem einzigen Augenblick ihren Charakter, ohne ihre Schwächen radikal auszutilgen. Einen Beweis dafür gibt uns Petrus in Antiochien, wo er aus Angst vor den Judenchristen die Tischgemeinschaft mit den Heidenchristen aufgab. Die Feigheit, diese vorpfingstliche Charakterschwäche des Petrus, blieb auch nach der Geistsendung – trotz seines sonstigen Bekennermutes – weiter, wenn auch schlummernd, in ihm und brach schließlich wieder einmal unversehens durch.

Die große Charakterschwäche Jacintas war ihr schnell beleidigtes, schmollendes Wesen. In einem einzigen Gnadenakt hat der Herr diese ihre Schwäche ebenfalls gebrochen, aber ebenfalls nicht völlig beseitigt. Jacinta wurde öfters von Erwachsenen und Kindern »Betschwester« gescholten, was sie jedesmal tief getroffen haben muß; denn sie schaute dann den Betreffenden ernst an und entfernte sich wortlos. Hier zeigt sich ihre reife Selbstbeherrschung. Zugleich spüren wir, wie Jacinta gegen die letzten Reste ihres empfindlichen Wesens zu kämpfen hatte. Restlos ist sie vielleicht nie damit fertig geworden, was sie nach Ansicht Lucias einige Sympathien bei anderen Kindern kostete.

Überwundene Charakterschwächen schlummern in der Seele weiter. Keiner darf sich einbilden, sie seien ausgemerzt, seien tot. Sie sterben nie, solange wir leben. Wenn wir nicht wachsam sind, erwachen sie. Und wenn wir im Eifer nachlassen oder überheblich werden, dann brechen sie schließlich wieder mit jäher Gewalt durch, und die letzten Dinge werden ärger sein als die ersten.

Noch eine dritte Parallele im Wirken des Heiligen Geistes sei aufgezeigt. Paulus schreibt in seinem Brief an die Römer: »Ebenso nimmt sich auch der Geist unserer Schwachheit an. Denn um was wir in rechter Weise beten sollen, wissen wir nicht. Da tritt aber er selbst, der Geist, für uns ein mit wortlosem Seufzen.«[148]

Die Apostel hatten nach der Geistsendung nicht mehr dieselbe Gebetsnot wie damals, als sie den Herrn baten: »Herr, lehre uns beten.« Aber wir dürfen nicht glauben, daß sie aller Gebetsschwierigkeiten enthoben waren. Das angeführte Wort des hl. Paulus läßt uns anderes vermuten. Es geht hier mit Gewißheit um mehr als um den Mangel an Gebetsanliegen.

Es wurde bereits erwähnt, daß Francisco einen besonderen Zug zur Meditation hatte. Er zog sich gerne zurück, und zwar nicht nur, um – wie auch die beiden anderen – stundenlang vor dem Tabernakel mit dem »verborgenen Heiland« zu reden. Francisco liebte anscheinend mehr als die beiden Mädchen die Einsamkeit. Oft, wenn die zwei auf der Weide miteinander spielten, zog er sich zurück, um »nachzudenken«, zu meditieren, oder um den Rosenkranz still für sich zu beten. Bis zu achtmal am Tage, insbesondere in der Zeit seiner Krankheit, betete er dieses ihm früher so mühselige Gebet. »Oh, meine Gottesmutter, Rosenkränze werde ich beten, soviele du nur willst«, hatte er nach der ersten Erscheinung mit freudestrahlendem Gesicht gerufen. Und er hielt sich an sein Versprechen.

Aus dem »Nachdenken« und dem Rosenkranzgebet erwuchs ihm in Verbindung mit seinem heiteren, gelassenen Wesen eine Liebenswürdigkeit, die ausstrahlte und die ihn für jung und alt sehr anziehend machte.

Trotz des tiefen Gebetsgeistes, der diesem Jungen bei den Erscheinungen geschenkt worden war, klagte er manchmal bitter darüber, daß er nicht mit solcher Andacht »wie andere Glücklichere« beten könne. Zerstreuung und Gebetsschwierigkeiten sind ihm also nicht erspart geblieben.

Auch wir bleiben von ihnen nicht verschont. Sie sollten uns nicht die Freude am Gebet rauben. Es kann durch sie sogar besonderen Wert bekommen. Wenn wir trotz ehrlichen Mühens nicht zu einem spürbar innerlichen Gebet gelangen, tritt der Geist für uns ein mit unaussprechlichem Seufzen. Das macht ein Gebet, das wir trotz Schwierigkeiten treu verrichten, so wertvoll. Wer auch dann betet, wenn er überhaupt nicht dazu aufgelegt ist, der erst wird ein Mensch, der »im Geiste und in der Wahrheit« Gott anbetet.

Eine Krankheit wütet

Wie dem Leser noch in Erinnerung sein wird, hatte Maria den drei Kindern bei der zweiten Erscheinung, also am 13. Juni, vorausgesagt: »Ich werde bald kommen und Jacinta und Francisco holen.«

Es war im Jahre 1918. Der Krieg hatte ein Ende gefunden. Die Welt atmete auf. Doch da schlug eine neue Geißel zu: die sogenannte Spanische Grippe, eine heimtückische Krankheit, die viele Opfer forderte. Besonders hart wütete sie in Portugal. Fast ohne Unterlaß ertönte von den Kirchtürmen das Totengeläut. Die Krankheit wütete so grauenvoll, daß man es in einigen Gegenden für ratsam hielt, die Totenglocken schweigen zu lassen und die Opfer der Krankheit still zu Grabe zu tragen, um das Volk nicht noch mehr in Angst zu versetzen.

Ende 1918 brach die Spanische Grippe in Aljustrel aus und packte am 23. Dezember, am Vortage des Hl. Abends also, die Familie Marto. Alle erkrankten. Nur der Vater blieb gesund. Er übernahm mit Hilfe guter Nachbarn die Pflege seiner Kranken. Für Jacinta und Francisco war es sicher, daß nun die Stunde herannahte, in der die Gottesmutter sie zu sich »ins Paradies« holen würde. Die Zeit des letzten Reifens war für sie angebrochen.

Franciscos Krankheit und Tod

Die Krankheit Franciscos schien zunächst einen günstigen Verlauf zu nehmen. Nach 14 Tagen Bettruhe durfte der Junge wieder aufstehen, doch wollte die Genesung dann nicht mehr voranschreiten. Im Gegenteil, die heimtückische Krankheit setzte ihr Zerstörungswerk fort. Mehr und mehr ließen die Kräfte nach. Trotzdem zwang sich Francisco oft zu kleinen Spaziergängen, und bisweilen schleppte er sich sogar zur drei Kilometer entfernten Cova da Iria, wo er so viele Gnaden empfangen hatte und wo ihm jene Voraussage von Maria gemacht worden war, die normalerweise jeden Menschen erschreckt, ihn aber beglückte, die Voraussage des baldigen Todes.

Immer von neuem drückte er seinen Wunsch aus, bald zur Madonna gehen zu dürfen. Das Trostwort, er werde wohl bald wieder gesund sein, brauchte und wollte er nicht. Seine Antwort dazu war stets ein lächelndes »Nein«. Dieses »Nein« sagte er in einem Tonfall und mit einem Gesichtsausdruck, der alle tief beeindruckte.[149]

Kranke, die nicht mit ihrem Schicksal hadern, die sich mit allem abgefunden haben, auch mit dem Tode, besucht man leichteren Herzens. So fehlte es Francisco auch nie an Besuchern. Seine Gelassenheit und sein lächelndes, immer liebenswürdiges Wesen zogen alle an. Die Kinder gingen in seinem Krankenzimmer ein und aus, als wären sie hier zu Hause, oder sie grüßten im Vorbeigehen freundlich durchs Fenster. Ebenso saßen Erwachsene, Dorfbewohner und Auswärtige, gerne und lange an seinem Bett. »Ich weiß nicht, was Francisco hat. Man fühlt sich hier so wohl!« Oder: »Wenn man in das Zimmer von Francisco kommt, fühlt man dasselbe, wie wenn man die Kirche betritt.« So gaben Besucher ihren Empfindungen Ausdruck.

Ende Februar 1919 verschlechterte sich der Gesundheitszustand des Jungen. Zur Spanischen Grippe gesellte sich eine Lungenentzündung, die ihn wieder ans Bett fesselte.

Jacinta ging es zur Zeit besser. Sie konnte aufstehen

und ihrem kranken Bruder tagsüber Gesellschaft leisten.

Eines Tages ließ sie eiligst Lucia rufen. Maria war den beiden erneut erschienen, um ihnen ihr Geschick vorauszusagen. Francisco werde nun bald sterben. Jacinta solle zuvor durch bestimmte Leiden Sündern die Bekehrungsgnade erwirken.

Auch Francisco hatte noch manches durchzustehen. Aber er ließ sich seinen Frohsinn nicht rauben. Lucia berichtet:

»Während der Krankheit zeigte sich Francisco immer fröhlich und zufrieden. Ich fragte ihn manchmal:

›Leidest du viel, Francisco?‹

›Ziemlich, aber mir macht es nichts aus. Ich leide, um unsern Herrn zu trösten; und bald komme ich in den Himmel!‹

›Dann vergiß nicht, Unsere Liebe Frau zu bitten, daß sie mich auch bald holt!‹

›Darum werde ich sie nicht bitten! Du weißt sehr gut, daß sie dich noch nicht dort haben will!‹ ...«[150]

Der Bericht über den Tod Franciscos sei nun – mit einem kleinen Einschub aus anderen Quellen – der Feder seiner Cousine Lucia entnommen: »In der Frühe eines Morgens kam mich seine Schwester Theresa rufen: ›Komm schnell! Francisco geht es sehr schlecht, und er möchte dir etwas sagen!‹

Ich zog mich eiligst an und ging zu ihm. Als ich ankam, bat er sogleich die Mutter und die Geschwister, das Zimmer zu verlassen; was er mir sagen wolle, sei ein Geheimnis.

Sie gingen, und dann sagte er zu mir: ›Ich werde jetzt beichten, um zu kommunizieren, und dann werde ich sterben. Ich möchte, daß du mir sagst, ob du gesehen hast, daß ich eine Sünde begangen habe, und daß du auch Jacinta danach fragst.‹

›Du hast einige Male deiner Mutter nicht gehorcht‹, antwortete ich, ›wenn sie dir sagte, du sollst zu Hause bleiben, und bist zu mir entwischt oder hast dich versteckt.‹

›Es stimmt; diese Sünde habe ich begangen. Jetzt geh und frag Jacinta, ob sie sich an noch eine erinnert.‹

Ich ging zu ihr. Jacinta dachte ein wenig nach und antwortete: ›Schau! Sag ihm, daß er, bevor uns Unsere Liebe Frau erschienen ist, dem Vater zehn Pfennig gestohlen hat, um die Mundharmonika von José Marto aus Casa Velha zu kaufen. Und als die Jungen von Aljustrel gegen die von Boleiros Steine warfen, hat auch er einige geworfen.‹

Als ich ihm das von seiner Schwester ausrichtete, antwortete er: ›Das habe ich schon gebeichtet; aber ich will es nochmals sagen. Vielleicht ist unser Herr wegen dieser Sünde sehr traurig. Auch wenn ich nicht sterben würde, würde ich keine Sünde mehr begehen. Jetzt bereue ich sie sehr.‹ Und mit gefalteten Händen betete er:

›O mein Jesus! Verzeih uns unsere Sünde, bewahre uns vor dem Feuer der Hölle, nimm alle Seelen in den Himmel, besonders jene, die deiner Barmherzigkeit am meisten bedürfen. – Ach, bitte doch auch du den Heiland, daß er mir meine Sünden verzeiht.‹

›Ich werde darum bitten; sei nur ganz ruhig. Hätte der Heiland sie dir nicht schon verziehen, dann hätte Unsere Liebe Frau nicht vor Tagen Jacinta gesagt, sie werde bald kommen, um dich mit in den Himmel zu nehmen. Jetzt gehe ich zur Messe und werde dort beim verborgenen Jesus für dich beten.‹

›Ja, gut!‹

Als ich von der Kirche zurückkam, war Jacinta schon auf und saß an seinem Bett. Francisco fragte mich gleich, als er mich sah:

›Hast du den verborgenen Jesus gebeten, daß mir

der Herr Pfarrer die hl. Kommunion bringen möchte?‹

›Ja!‹

›Im Himmel bete ich dann für dich.‹

›Willst du für mich beten? Noch vor einigen Tagen hast du mir gesagt, du würdest es nicht tun.‹

›Das war, daß er (der Heiland) dich bald in den Himmel holen soll. Aber wenn du willst, bitte ich darum. Die Gottesmutter tut dann, was sie will.‹

›Gut, ich möchte, daß du darum bittest.‹

›Also gut, du kannst beruhigt sein; ich werde darum bitten.‹

Ich verließ die beiden und machte mich an meine täglichen Arbeits- und Schulpflichten.

Als ich am Abend zurückkehrte, strahlte er (Francisco) vor Freude. Er hatte gebeichtet, und der Herr Pfarrer hatte versprochen, ihm am nächsten Tag die hl. Kommunion zu bringen.

Nachdem er tags darauf kommuniziert hatte, sagte er zu seinem Schwesterchen:

›Heute bin ich viel glücklicher als du, weil ich in meinem Herzen den verborgenen Jesus habe. Ich gehe zum Himmel; aber ich werde Unsere Liebe Frau viel darum bitten, daß sie euch auch bald dorthin holen soll.‹

Ich verbrachte nun fast den ganzen Tag mit Jacinta an seinem Bett. Da er selbst nicht mehr beten konnte, bat er uns, den Rosenkranz für ihn zu beten. Schließlich sagte er zu mir:

›Sicher werde ich im Himmel große Sehnsucht nach dir haben! Wie schön wäre es, wenn Unsere Liebe Frau auch dich bald in den Himmel holte!‹

›Du wirst keine Sehnsucht haben! Sicher nicht! Nein, so etwas! Bei unserem Herrn und Unserer Lieben Frau, die so gut sind!‹

›Ja, das ist wahr. Vielleicht werde ich gar nicht daran denken.‹

Es war schon Nacht, als ich mich von ihm verabschiedete:

›Francisco, auf Wiedersehen! Wenn du diese Nacht in den Himmel kommst, vergiß mich dort nicht, hörst du?‹

›Ich werde dich nicht vergessen; sei beruhigt!‹

Und er ergriff meine rechte Hand, drückte sie eine Zeitlang kräftig und schaute mich mit Tränen in den Augen an.

›Möchtest du noch etwas?‹ fragte ich unter Tränen, die auch mir übers Gesicht rannen.

›Nein!‹ antwortete er mit schwacher Stimme.

Da die Szene allzu ergreifend wurde, schickte mich meine Tante aus dem Zimmer.

›Dann auf Wiedersehen, Francisco! Bis im Himmel!‹

›Auf Wiedersehen im Himmel!‹ ...« [151]

Der nächste Tag war Freitag, der 4. April 1919. Bei Anbruch dieses Tages wachte Francisco, der wohl eingeschlafen war, noch einmal auf und rief nach seiner Mutter:

»Mutter!«

»Was willst du, Francisco?«

»Nichts! Aber schau, Mutter, das schöne Licht dort bei der Tür!«

Die Mutter schaute zur Tür, sah jedoch nichts.

»Was für ein schönes Licht«, wiederholte Francisco.

Einige Augenblicke später: »Jetzt sehe ich es nicht mehr.« [152]

Ein verklärtes Lächeln zog sich über seine Lippen. Und ohne Todeskampf ging er ein in das ewige Leben. Er war noch nicht elf Jahre alt.

Jacinta und Lucia litten sehr unter dem Tode Franciscos. Lucia schließt ihren Bericht über sein Sterben mit folgender Überlegung und ihrem sich anschließenden Gedicht:

»Die Sehnsucht läßt sich nicht beschreiben; sie ist wie ein spitzer Dorn, der das Herz jahrelang verwundet. Sie ist die Erinnerung an die Vergangenheit, die widerhallt in der Ewigkeit.

Es war Nacht, und ich träumte in der Stille,
daß an einem so festlichen und ersehnten Tag
himmlisches Band unter uns und den Engeln
im Wettstreit sich knüpfe.

Keiner dachte, daß ein goldener Kranz
aus den Blumen, welche die Erde hervorbringt,
jenem gleichen könnte, den der Himmel ihm bot –
in der engelhaften Schönheit, die zur Sehnsucht
stimmte!

Von den mütterlichen Lippen – Freude, Lächeln!
Im himmlischen Paradies – lebt er in Gott!
Verzückt vor Liebe, vor erhabenen Freuden
lebte er diese kurzen Jahre. – Lebe wohl!«[153a]

Jacintas Krankheit und Tod

»Grüße mir viele, viele Male den Heiland und die Muttergottes. Sag ihnen, daß ich leiden werde, soviel sie nur wollen, um die Sünder zu bekehren und um die Beleidigungen gutzumachen, die man dem Makellosen Herzen Mariens zufügt«,[153b] so hatte sich Jacinta von ihrem sterbenden Bruder verabschiedet.

Die Leiden ließen nicht auf sich warten. Einige Wochen nach Franciscos Tod trat bei ihr – als Folge der »Spanischen Grippe« – eine eitrige Rippenfellentzündung auf. Am 1. Juli wurde sie deswegen ins Krankenhaus nach Vila Nova de Ourém eingeliefert. Die Behandlung brachte keinen Erfolg. Und da sich schließlich keinerlei Hoffnung auf Heilung mehr bot, entließ man sie auf Bitten der Eltern am 31. August.

Eine große Wunde, die täglich neu verbunden werden mußte, hatte sich an der Brust gebildet. Die Schmerzen mehrten sich, und der Verbandswechsel wurde zur Qual. Aber Jacinta trug es nicht nur tapfer, sondern freudig. Mit Begeisterung konnte sie vor Lucia über Jesus und Maria sprechen und dann beteuern: »Ich leide so gern aus Liebe zu ihnen, um ihnen zu gefallen. Sie haben denjenigen so gern, der für die Bekehrung der Sünder leidet.« [153c] Man wird hier erinnert an die Worte des Herrn: »Deswegen liebt mich mein Vater, weil ich mein Leben hingebe für meine Freunde.«

Wer so zu leiden vermag, kann auch andere trösten. »Mama, weine nicht; ich gehe zum Himmel und werde dort viel für dich beten«, so redete sie ihrer armen Mutter zu, die nach dem Verlust Franciscos jetzt den Tod ihrer Jüngsten kommen sah.

Als Jacinta wieder einmal, wie so oft, »nachdachte«, also während eines betrachtenden Gebetes, erschien ihr erneut die Gottesmutter, um ihr weitere Leiden anzukündigen. »Die Madonna hat mir gesagt«, so erzählte sie Lucia, »ich werde nach Lissabon in ein anderes Krankenhaus kommen. Ich werde dich nie mehr wiedersehen – auch meine Eltern nicht. Ich werde viel leiden müssen und dann allein sterben. Aber ich sollte keine Angst haben; sie selbst kommt dorthin und holt mich in den Himmel.«

Daraufhin umarmte sie weinend ihre Cousine und

fügte hinzu: »Niemals werde ich dich wiedersehen. Hör zu, du mußt viel für mich beten, weil ich allein sterbe.«

Immer wieder drängte sich in den folgenden Tagen die Klage auf ihre Lippen:

»Niemals mehr werde ich dich wiedersehen. Auch meine Mutter nicht und meine Geschwister und meinen Vater! Sie alle werde ich niemals mehr sehen. Und dann sterbe ich – allein.«

»Was soll's dir schon ausmachen, wenn dich die Gottesmutter holen kommt!«

»Stimmt! Es macht mir nicht viel aus. Nur weiß ich nicht, wie es kommt: manchmal denke ich nicht daran, daß die Madonna mich holen wird, sondern nur, daß ich sterben werde, ohne daß du bei mir bist.«[154]

Schließlich kam der Tag der Abreise. Ein berühmter Chirurg aus Lissabon hatte bei einer Pilgerfahrt nach Fatima den Gesundheitszustand Jacintas gesehen. Da er hoffte, sie heilen zu können, drängte er so lange, sie in seine Behandlung zu geben, bis schließlich die Eltern einwilligten. An sich waren sie auf Grund der Aussagen Jacintas der Überzeugung, daß jede Behandlung zwecklos sei, da die Gottesmutter ihr Kind ohnehin bald zu sich holen werde.

Am 21. Januar 1920 brachte Frau Marto ihr Töchterchen nach Lissabon. »Der Abschied«, schreibt Lucia, »war herzzerreißend. Lange hielt sie mich umschlungen und sagte weinend: ›Niemals werden wir uns wiedersehen! Bete viel für mich, bis ich zum Himmel gehe. Danach werde ich dort oben für dich bitten. Verrate keinem je das Geheimnis, selbst wenn sie dich töten. Liebe Jesus und das Makellose Herz Mariens sehr und bringe viele Opfer für die Sünder!‹

Von Lissabon aus ließ sie mir dann sagen, daß Unsere Liebe Frau sie dort schon besucht habe. Sie habe ihr Tag und Stunde ihres Todes geoffenbart; und sie empfahl mir, sehr gut zu sein.«[155]

Jacinta fand in Lissabon zunächst vorübergehend Aufnahme in einem Waisenheim. Die Oberin des Hauses wurde ihre Bezugsperson, eine zweite Mutter, die Jacinta, wie schon berichtet, »Patin« nannte und der sie kindliches Vertrauen und große Dankbarkeit entgegenbrachte. Ihr vertraute sie, ähnlich unbefangen wie ihrer Gefährtin Lucia, alles Freud- und Leidvolle an.

So fühlte sich Jacinta in dieser Obhut sofort wie daheim. Besonders glücklich war sie darüber, mit dem »verborgenen Jesus« unter einem Dach leben zu können und täglich kommunizieren zu dürfen. Kaum war sie in der Lage, etwas aufzustehen, da fand man sie immer wieder in der Kapelle, unverwandt den Blick zum Tabernakel gerichtet.

Die Oberin erkannte bald, welch Geschenk des Himmels ihrem Haus mit diesem kranken Kind gegeben war. Die Unschuld und Bescheidenheit, die Geduld und der Gehorsam, der Gebetsgeist und die Liebenswürdigkeit des begnadeten Mädchens übten vom ersten Tage an einen spürbaren Einfluß auf die anderen Kinder aus.

Der Umgang mit der Gottesmutter hatte die Kleine mehr und mehr geheiligt. Es gibt wohl kaum einen Heiligen, mit dem Maria durch ständige Erscheinungen ein so vertrauliches Verhältnis anknüpfte wie mit diesem Kinde. »Kommen Sie später, liebe Patin, denn jetzt erwarte ich die Madonna«, bat Jacinta einmal die Oberin, als diese gerade zur Tür hereinkam. Dann schaute das Mädchen verklärt zur Seite.

Diese Erscheinungen waren nie Selbstzweck, sondern sollten den Opfergeist, die Leidensbereitschaft und Leidensfähigkeit dieses Werkzeuges der Barmherzigkeit Gottes wachhalten.

»Die Muttergottes sagte mir, ich soll sehr brav (geduldig) sein«, so gab Jacinta einmal den Kerngehalt einer Vision wieder.

Am Morgen des 2. Februar 1920 mußte das Waisenheim dieses Gottesgeschenk ins Krankenhaus geben. Unter Tränen nahm das Kind Abschied vom »verborgenen Jesus« und verließ dann blutenden Herzens das ihm so liebgewordene Heim. Die »Patin« begleitete Jacinta und besuchte sie dann nahezu täglich.

Am 10. Februar erfolgte der chirurgische Eingriff. Die Operation verlief gut und schien gelungen. Zwei Rippen der linken Seite hatte man entfernt. Eine handbreite Wunde war zurückgeblieben. Die tägliche Wundbehandlung wurde immer zu einem Martyrium. Nach dem fünften oder sechsten Verbandswechsel stellten sich krampfartige Schmerzen ein. Der anfängliche Optimismus der Ärzte flaute ab. Die Schmerzen der Patientin wurden nahezu unerträglich. Doch ihre Geduld blieb bewundernswert. »Oh, meine himmlische Mutter, oh, meine himmlische Mutter«, das waren die einzigen Klagelaute, die sich den Lippen der Leidgeprüften entrangen. »Geduld! Wir alle müssen leiden, um in den Himmel zu kommen«, so munterte sie sich selbst auf. Und ihre »Patin« redete ihr gütig zu: »Nur Mut, ertrag es mit Geduld; das gefällt dem Heiland sehr.«

Als die Oberin am Tage nach der letztgenannten Ermunterung wieder zu einem Besuch das Krankenzimmer betrat, winkte Jacinta sie sogleich zu sich und sagte freudestrahlend: »Hören Sie, Patin, nun klage ich nicht mehr. Die Gottesmutter ist mir wieder erschienen. Sie hat mir versprochen, bald zu kommen, um mich in den Himmel zu holen; und sie hat mir alle Schmerzen genommen.«[156] Die gelösten Gesichtszüge bestätigten es. Das Martyrium war zu Ende, der Heimgang stand bevor.

Es ist Freitagabend, der 20. Februar. Die kranken Zimmergenossen Jacintas schlummern bereits im Schein einer verhüllten Nachtlampe. Die Kleine fühlt ein starkes Unwohlsein, ruft die Krankenschwester und sagt ihr ohne ein Zeichen von Angst: »Ich fühle mich sehr schlecht. Ich möchte gern die Sterbesakramente empfangen.«[157] Zwar glaubt die Schwester nicht, daß der Tod schon bald eintreten könnte, ruft aber doch einen Priester, der bald zur Stelle ist und der Patientin das Bußsakrament, aber nicht die Wegzehrung spendet. Er hatte es versäumt, eine Hostie mitzubringen.

»Werde ich sterben müssen, ohne den verborgenen Jesus zu empfangen?«, so hatte Jacinta daheim bisweilen Lucia gefragt und hinzugefügt: »Wenn Unsere Liebe Frau ihn mir doch bringen würde, wenn sie kommt, mich in den Himmel zu holen.«[158] So bittet die Sterbende nun den Priester: »Bringen Sie mir nun die heilige Wegzehrung, weil ich bald sterben werde.«[159] Doch der Geistliche vertröstet sie mit dem nächsten Morgen, da auch er nicht glaubt, daß der Tod der Seherin unmittelbar bevorsteht.

Gegen 22.30 Uhr macht die Nachtschwester einen Routinebesuch am Bett der kleinen Patientin, die ganz ruhig daliegt, als würde sie schlafen. Bei näherem Zusehen scheint es der Schwester jedoch, als läge das Kind im Sterben. Jedoch ehe sie zu irgendeiner Entscheidung kommen konnte, schließt, ohne jeden Todeskampf, der kurze, aber so reiche Lebenslauf dieses Werkzeuges göttlichen Erbarmens.

Ganz still, während die anderen Kranken friedlich im Lichte der Nachtlampe schliefen, hat Maria ihr so geliebtes Töchterchen zu sich heimgeholt in die ewige Freude. Jacinta war noch nicht zehn Jahre alt.

Man legte nun der Verstorbenen, wie sie es erbeten hatte, das Erstkommunionkleid und einen blauen Gürtel an und bahrte sie in der nächstgelegenen Pfarrkirche, der Engelskirche, auf. Dort lag sie nun mit leuchtend roten Lippen und rosigen Wangen, so, als ob sie noch lebte. Ein angenehmer, köstlicher Duft, wie von wohlriechenden Blumen, entströmte ihr.

Die Bewunderung und Begeisterung der Gläubigen von Lissabon und Umgebung kannten keine Grenzen. Riesige Volksscharen strömten zur Bahre, um die sterbliche Hülle Jacintas zu sehen, zu küssen, Andachtsgegenstände an ihr zu berühren und sich am Wunder des schönen Leichnams, der so köstlich duftete, zu erbauen.

Am 24. Februar 1920 wurde Jacinta nach Vila Nova de Ourém überführt und dort in der Gruft einer adligen Familie beigesetzt. Im Laufe der Jahrzehnte bettete man die Gebeine der Seherin noch zweimal um. Die letzte Ruhestätte fanden sie am 1. Mai 1951 in der neuerrichteten Basilika von Fatima. Dort ruhen sie in einer Kapelle der linken Seite, während in einer gegenüberliegenden die ihres Bruders Francisco beigesetzt sind.

Der Seligsprechungsprozeß für beide Kinder wurde bereits am 21. Dezember 1949 in Leiria eröffnet und inzwischen nach Rom weitergeleitet.

Der Bericht über den Heimgang Jacintas möge wie der Franciscos mit einem Gedicht Lucias schließen:

»Oh, du, die du über diese Erde schrittest,
kaum sie berührend,
geliebte Jacinta,
mit tiefem Schmerz

Jesus liebend,
vergiß nicht die Bitte,
die ich dir mitgab:
bleibe meine Freundin
am Throne der Jungfrau Maria.

Lilie der Unschuld, leuchtender Edelstein,
oh, dort oben im Himmel,
wo du triumphierend lebst,
Seraph der Liebe,
mit deinem Brüderchen,
bitte für mich beim Herrn.«[160]

Basilika von Fatima
Grundsteinlegung 13. Mai 1928
Kirchweihe 7. Oktober 1953

Fatima

Lucia – »Du mußt noch bleiben ...!«

Begnadeten Menschen geht es oft nicht anders als den Propheten des Alten Bundes. Verehrt werden sie erst nach ihrem Tode. Das Schicksal der noch lebenden Seherin war nicht das der verstorbenen. Wohl fand Lucia bei einigen Mitbürgern Achtung und Sympathie. Für viele dagegen war sie keineswegs die gefeierte Seherin, und für manche blieb sie eine üble Lügnerin.

Auch Gott ersparte ihr nichts. Zunächst wurde ihre Mutter sterbenskrank, genas aber wie durch ein Wunder nach einem Bittgang Lucias zur Cova da Iria.

Am 4. April 1919 kam der Abschied von Francisco. Danach, am 31. Juli 1919, starb Lucias Vater. »Mein Schmerz war derart«, schreibt sie, »daß auch ich zu sterben glaubte. Er war der einzige, der stets auf meiner Seite gestanden hatte, und wenn man in der Familie gegen mich loszog, war er der einzige, der mich in Schutz genommen hat.

So zog ich mich in mein Zimmer zurück und rief: ›Mein Gott, mein Gott! Ich dachte niemals, daß du mir so viel Leid beschieden hast! Aber ich leide aus Liebe zu dir ...«[161]

Ein halbes Jahr nach dem Verlust des Vaters hieß es, Jacinta ein Nimmer-Wiedersehen-auf-Erden zu sagen.

In ihrem Schmerz eilte Lucia, nachdem ihre Cousine nach Lissabon abgereist war, zum Cabeço, um dort in der Felsenhöhle den Tränen freien Lauf zu lassen.

»Als ich den Abhang wieder herunterging«, berichtet sie, »erinnerte mich alles an meine geliebte Gefährtin: die Steine, auf denen wir so oft gesessen hatten; die Blumen, die ich schon nicht mehr pflückte, weil ich sie niemandem mehr bringen konnte; die Valinhos, wo wir zusammen die Freuden des Paradieses genossen hatten.

Wie an der Wirklichkeit zweifelnd und halb geistesabwesend betrat ich eines Tages das Haus meiner Tante, ging zum Zimmer Jacintas und rief nach ihr. Als ihre Schwester Teresa mich sah, hielt sie mich an und erklärte, Jacinta sei nicht mehr da.

Nach einiger Zeit kam die Nachricht, daß sie zum Himmel »geflogen« sei. Man brachte ihren Leichnam nach Vila Nova de Ourém. Meine Tante nahm mich eines Tages dorthin zu den sterblichen Überresten ihrer kleinen Tochter mit, in der Hoffnung, mich damit zu zerstreuen. Aber lange Zeit hindurch schien meine Traurigkeit immer noch tiefer zu werden. Wenn der Friedhof offen war, setzte ich mich an das Grab Franciscos oder meines Vaters und verbrachte dort lange Stunden.« [162]

Auch am Gnadenorte, in der Cova da Iria, war Lucia oft zu finden – allein oder mit Pilgern ins Rosenkranzgebet vertieft.

Doch eines Tages war sie nicht mehr zu sehen, weder in der Cova noch an den Gräbern, noch sonstwo in Aljustrel. Die Tatsache erregte Aufsehen – bei Wohlmeinenden und Übelwollenden. Sonderbare Gerüchte verbreiteten sich, die auch dem Bezirksvorsteher zu Ohren kamen. Er ließ Frau Santos rufen und verlangte Aufschluß über den Verbleib Lucias.

»Meine Tochter ist dort, wo sie selbst und auch ich es will. Weitere Erklärungen habe ich nicht zu geben«, war die lakonische Antwort der couragierten, klugen Frau.

Schon einmal, als sich Lucia bei einer Wohltäterin in Lissabon befand, hatte die Regierung nach dem Kind gesucht. Man mußte es sicherheitshalber wieder nach Aljustrel zurückholen.

Damit es diesmal nicht genauso gehe, war Lucia auf den ausdrücklichen Wunsch des Bischofs, Bischof Dom José Alves Correia da Silva, in der Nacht abgereist, ohne jemandem zu sagen, wohin sie gehe. Sie sollte in der Fremde auf sein Geheiß unter einem anderen Namen leben und grundsätzlich über die Erscheinungen schweigen. Für einen so verschwiegenen, demütigen Menschen wie Lucia bedeutete das alles eher eine Erleichterung als eine Belastung.

Um erneut zu zeigen, wie sehr die Gnade Gottes ihre Auserwählten in echter Menschlichkeit beläßt und nicht in einem übermenschlichen Supernaturalismus das gute natürliche Empfinden und Fühlen unterdrückt, sondern eher noch zarter macht, sei der Bericht über den Abschied Lucias von Aljustrel wiederum wörtlich ihrer Feder entnommen:

»Schließlich kam der Tag der Abreise. Am Abend vorher ging ich schweren Herzens mich von all unseren lieben Plätzen verabschieden. Ich war sicher, daß ich sie zum letztenmal betrat; den Cabeço, die Cova, die Valinhos, die Pfarrkirche, wo der gute Gott das Werk seiner Barmherzigkeit begonnen hatte, und den Friedhof, wo ich meinen geliebten Vater zurückließ, und Francisco, den ich bisher noch nicht hatte vergessen können.

Von unserem Brunnen verabschiedete ich mich schon im bleichen Mondschein und von der alten Tenne, wo wir so häufig lange Stunden verbracht und von der wir den schönen Sternenhimmel und die Wunder des Sonnenauf- und -untergangs betrachtet hatten. Wie entzückte es mich manchmal, wenn die Tautropfen, die morgens die Berge bedeckten, im Sonnenschein wie Perlen erglänzten, wenn abends der tagsüber gefallene Schnee von den Kiefern hing und an die Schönheiten des Paradieses erinnerte.

Ohne mich von irgend jemandem zu verabschieden, machte ich mich am folgenden Tage (am 16. Juni 1921) um zwei Uhr morgens auf den Weg, begleitet von meiner Mutter und einem armen Arbeiter, Manuel Correia, und nahm mein Geheimnis unverletzt mit.

Wir gingen an der Cova da Iria vorbei, damit ich Abschied nehmen konnte. Ich betete zum letztenmal dort meinen Rosenkranz; und als ich endlich ging, wandte ich mich immer wieder um, solange ich den Ort noch sehen konnte, um ihm das letzte Lebewohl zu sagen. Gegen neun Uhr kamen wir in Leiria an ... Der Zug ging um zwei Uhr nachmittags. Da stand ich nun am Bahnhof, um meine arme Mutter zum Abschied zu umarmen; weinend und traurig blieb sie zurück.

Der Zug fuhr ab und mit ihm mein armes Herz, das so voll Sehnsucht und unvergeßlicher Erinnerungen war.«[163]

Das Ziel ihrer Fahrt war das Pensionat der Dorotheerinnen in Villar bei Porto. Dort lebte sie seit dem 17. Juni 1921 vier Jahre lang, allgemein beliebt, unter einem Decknamen. Kein Mensch erfuhr, wer sie war.

Nach einer nicht allzu gründlichen Schulausbildung ging sie, weiterhin unerkannt, Ende Oktober 1925 nach Pontevedra (Nordspanien) in ein Kloster der Dorotheerinnen und machte dort ihr Postulatsjahr, eine erste Prüfungszeit ohne jede Bindung vor dem Eintritt in eine Ordensgemeinschaft.

Hier, in Pontevedra, erschien Maria am 10. Dezember 1925 der Seherin, um, wie 1917 bereits angekündigt, die Einführung der Herz-Marien-Samstage zu wünschen.

Am 2. Oktober 1926 wurde Lucia ins Noviziat der Dorotheerinnen zu Tuy (Nordspanien) aufgenommen. Sie erhielt den Namen Maria dos Dores

(M. v. d. Schmerzensmutter) und wurde für die Verrichtung von Hausarbeiten bestimmt.

Am 3. Oktober 1928 legte sie ihre ersten zeitlichen Gelübde ab.

Am 13. Juni 1929 empfing sie eine Offenbarung, von der noch die Rede sein wird.

Am 3. Oktober 1934 legte sie – immer noch in Tuy – vor dem Bischof von Leiria ihre ewigen Gelübde ab. Frau Santos und ihre anderen Töchter hatten das Glück, der Feier beiwohnen zu dürfen.

Erst bei dieser Gelegenheit enthüllte der Bischof das Geheimnis der Person Sr. Maria dos Dores. Er machte sie öffentlich als die noch lebende Seherin von Fatima bekannt und befreite sie von ihrer Schweigepflicht über die Erscheinungen. Mehr als dreizehn Jahre hatte sie also anonym gelebt.

Wenige Tage nach ihren ewigen Gelübden wurde sie wieder nach Pontevedra versetzt.

Hier schrieb sie 1935 – auf Betreiben des Bischofs von Leiria – die Erinnerungen über Jacinta. Diese offenbarten, daß Lucia immer noch vieles eifersüchtig verborgen hielt. Darum drängte Pater Fonseca Bischof Dom José Alves Correia da Silva, sie zu weiteren Niederschriften aufzufordern.

Inzwischen, im Mai 1937, war Lucia (bzw. Sr. Maria dos Dores) nach Tuy zurückversetzt worden, wo sie – im November 1937 – auf Wunsch des Bischofs ihren eigenen Lebensbericht abfaßte. Ihm folgte 1941 eine Ergänzung zu dem Jacintas mit der literarischen Enthüllung des 1. und des 2. Geheimnisses (Höllen- und Zukunftsvision). – Im Jahre 1927 bereits hatte sie in einer Vision vom Herrn die Erlaubnis erhalten, diese beiden ersten Teile des Geheimnisses zu offenbaren. Daraufhin hatte sie sofort ihrem Beichtvater entsprechend schriftlich Bericht erstattet. – In ihren »Vierten

Erinnerungen« – ebenfalls noch 1941 verfaßt – berichtet Lucia über das Leben Franciscos, über die Engel- und Muttergotteserscheinungen von Fatima, fügte noch einige Einzelheiten aus dem Leben Jacintas bei und gab schließlich Korrekturanmerkungen zum Buche Fonsecas »Maria spricht zur Welt«.

Im Vorwort zu diesen »Vierten Erinnerungen« schreibt Lucia: »Ehe ich begann, wollte ich das Neue Testament aufschlagen, das einzige Buch, das ich hier vor mir haben will, in einem einsamen Winkel des Speichers ... wohin ich mich zurückziehe, sooft es mir möglich ist, um mich vor den Blicken der Menschen zu verbergen. Als Tisch dient mir mein eigener Schoß, als Stuhl ein alter Koffer ... Der gütige Gott hat es für gut befunden, mir sogar die Zelle zu nehmen, obwohl es hier im Hause mehrere freie Zellen gibt ... Aber ich bin zufrieden und danke Gott für die Gnade, daß ich arm geboren bin und aus Liebe zu ihm noch ärmer leben darf.«

Im Februar 1946 erhielt P. Jongen, Schriftleiter der Zeitschrift »Im Dienste der Königin«, vom Bischof die Erlaubnis, Lucia in Tuy über weitere Einzelheiten zu befragen. Er hatte vier Unterredungen mit ihr, über die er ein genaues Protokoll führte. Außerdem befragte er intensiv noch lebende Zeugen all der Ereignisse von Fatima.

Den Eindruck, den er dabei vom Charakter Lucias gewann, schildert er u. a. so: »Wenn ich Lucia mit einem Wort kennzeichnen sollte, so würde ich sie die »Einfachheit in Person« nennen. Wenn Einfachheit reden könnte, so würde sie sprechen wie Lucia. Ihre Worte schienen mir die klare Widerspiegelung ihrer Gedanken und Gefühle; alle, mit denen wir in Portugal Bekanntschaft machten, hatten diese Einfachheit gerühmt, die einen tiefen Eindruck macht. Wenn man

Lucia sprechen hört, ist es unmöglich, an ihrer Aufrichtigkeit zu zweifeln. Sie ist schlicht und ungekünstelt und kennt keine schlaue Berechnung. Der Grundton ihres Wesens ist stille friedliche Heiterkeit.«[164]

Neben diesem Charakterzug, neben ihrer Demut und Verschwiegenheit, die wir immer wieder kennengelernt haben, sei noch ihr bedingungsloser Gehorsam hervorgehoben.

Ende Mai 1946 wurde Lucia nach Portugal geschickt, um zuerst in Fatima einige genaue Aufschlüsse über die Erscheinungsorte zu geben und danach in einem Kloster in Sardo bei Porto eine neue, jedoch nur vorübergehende, Heimat zu erhalten.

Schon vor ihrem Eintritt in die Gemeinschaft der Dorotheerinnen hegte Lucia den Wunsch, in den Karmeliterorden einzutreten. Man riet ihr jedoch wegen ihrer zu schwachen Gesundheit davon ab.

Am 25. März 1948, also am Feste Mariä Verkündigung, durfte Lucia mit ausdrücklicher Erlaubnis Pius XII. ihren langgehegten Wunsch erfüllen und in den Karmel von Coimbra übertreten. Hier lebt sie seither unter dem Namen Maria vom Makellosen Herzen.

Während Bernadette Soubirous nach ihrem Eintritt ins Kloster niemals mehr Lourdes und die von ihr so geliebte Grotte wiedersah, durfte Lucia die Stätten, von denen sie 1921 so schmerzlich für immer Abschied genommen hatte, noch dreimal wiedersehen. Von einem Besuch in Fatima wurde schon berichtet.

1967 lud Paul VI. sie zu seiner Wallfahrt, anläßlich der 50-Jahr-Feier der ersten Erscheinung, dorthin ein. Mit einer gütigen, väterlichen Geste faßte er, ohne sich um das Protokoll zu kümmern, die Hand Lucias und stellte die Karmelitin den begeisterten Pilgern vor.[165]

Johannes Paul II. unternahm am 13. Mai 1982, dem

Jahrestag des auf ihn am 13. Mai 1981 in Rom verübten Attentates – wieder ein so eigentümliches Zusammentreffen – eine Dankeswallfahrt nach Fatima. Als er dort vor der Basilika an den Altar trat, verbeugte er sich vor einer von drei erschienenen Karmelitinnen. Jeder wußte damit, daß dies nur Lucia sein konnte. Nach dem Gottesdienst ging er ohne jede Begleitung – obwohl kurz nach seiner Ankunft in Fatima wiederum ein Attentat auf ihn versucht worden war – in die Basilika, um dort mit Lucia persönlich zu reden.

Der Lebensbericht Lucias möge schließen mit einigen Worten aus ihren Erinnerungen:

»In Wahrheit bin ich nicht mehr als ein armseliges und erbärmliches Werkzeug, dessen Er sich bedienen will; und wie ein Maler den unbrauchbar gewordenen Pinsel ins Feuer wirft, damit er zur Asche wird, so wird auch der göttliche Maler bald sein unbrauchbar gewordenes Werkzeug zur Asche des Grabes werden lassen – bis zum großen Tag des ewigen Alleluja. Diesen Tag erwarte ich mit Sehnsucht, denn das Grab wird nicht alles vernichten, und das Glück der ewigen unendlichen Liebe beginnt jetzt schon.« [166]

SECHSTER TEIL

Portugal vor und nach den Erscheinungen

Als im Juni 1917 die Großloge der Freimaurer ihren 200. Gründungstag mit einem großen Festival in Rom beging, hatten ihre Anhänger in Portugal keinerlei Grund zu triumphieren.

Zwar waren sie hier seit 1911 an der Macht (1908 waren König Karl I. sowie der Kronprinz von den Freimaurern ermordet und 1910 der Nachfolger Manuel II. gestürzt worden); aber anstatt das Land wieder, wie verheißen, zu Ruhe, Wohlstand und Frieden zu führen, trieben sie es dem Untergang entgegen.

Vom 31. August 1911 bis zum 28. Mai 1926 hatte Portugal 34 Regierungen unter 8 Präsidenten. An Revolutionen und Staatsstreichen mangelte es ebensowenig: zwanzig in dieser 15jährigen Epoche!

»Es war eine Republik von Abenteurern und Bilderstürmern, die zwischen zwei vorherrschenden Einflüssen, dem der Freimaurerei und dem der Straße, hin- und herpendelte und sich inmitten blutiger Unordnung, unfruchtbarer Improvisationen, offenkundiger Skandale in Unfähigkeit, im Massaker und in der Anarchie mühsam dahinschleppte« (João Ameal).[167]

Die Finanzlage verschlechterte sich in rasender Talfahrt. Der Anlaß zur Beseitigung des Königtums waren u. a. das verschwenderische Leben am königlichen Hof und die dadurch entstandene Staatsverschuldung. Sie betrug jedoch nur 300000 Escudos, ca. 3 Millionen Mark. Am Ende der Freimaurer-Ära (1926) war sie auf 642 Millionen Escudos, also auf das Zweitausendfache, angestiegen. Das Defizit hatte die Höhe des gesamten Staatshaushaltes erreicht. Portugal war wirtschaftlich ruiniert. Ausländische Mächte schielten schon nach den portugiesischen Besitzungen und verteilten sie in Geheimverträgen unter sich, um sogleich zufassen zu können, wenn die letzte Stunde des versinkenden Staatsschiffes gekommen sei.

Hand in Hand mit den politischen Wirren und dem wirtschaftlichen Ruin ging der religiöse Verfall, verursacht durch den Kampf gegen die Kirche, der man nun die Schuld für die finanzielle Misere in die Schuhe schieben wollte. Die diplomatischen Beziehungen zum Vatikan wurden abgebrochen, katholische Schulen und Anstalten aufgelöst, das Vermögen der Kirche wurde beschlagnahmt, der Religionsunterricht abgeschafft, Ordensleute wurden des Landes verwiesen, viele Kirchen geschlossen, mancher Bischof mußte der Gewalt weichen, und wer Priester werden wollte, benötigte dazu die Erlaubnis des Justizministers. Auch vor Mordtaten gegen Kirchenmänner scheute man nicht zurück.

Die Folge waren eine Verwilderung der Sitten in den Städten und ein verhängnisvoller Schwund des Priesternachwuchses. Das Ziel der Freimaurer Portugals, den Katholizismus innerhalb von zwei Generationen zu vernichten, rückte in greifbare Nähe.

In diese Situation brachen die Ereignisse von Fatima ein, die schließlich zu einer Wende in allen Lebensbereichen führten. Selbstverständlich war das Land mit den Erscheinungen nicht schlagartig saniert, und ebensowenig gaben sich die Feinde der Kirche kampflos geschlagen. Im Gegenteil! Den derzeitigen Präsidenten, Sidonio Pais, der die diplomatischen Beziehungen zum Vatikan wiederaufnehmen wollte und der vom Volk als »Vater der Armen« umjubelt wurde, ächteten die Freimaurer als Verräter ihrer Sache. Nachdem ein erstes Attentat gescheitert war, traf ihn schließlich am 14.12.1918, also ein gutes Jahr nach den Erscheinungen, eine tödliche Kugel. Vor allem sahen die Kirchenfeinde durch die Erscheinungen selbst, mit dem sicheren Instinkt des göttlichen Widersachers, ihre Macht gefährdet, richteten ihren Kirchenhaß und Kampf gegen Fatima und gingen mit Gewalt und Tücke gegen die religiöse Bewegung, die von hier aufbrach, vor. Das schon geschilderte Vorgehen gegen die Seherkinder war nur ein Anfang.

Am 19. August 1917, also genau an dem Tage, an welchem den Seherkindern nach ihrem Gefängnisaufenthalt die Mutter Gottes in den Valinhos erschien, organisierte die Freimaurerloge mit Unterstützung der Behörde eine Propaganda- und Protestversammlung »gegen die klerikalen Umtriebe«. Sie endete aber mit einer kläglichen Niederlage der Veranstalter. Die Bevölkerung »zeigte« den Protestlern »die kalte Schulter«.

Da man bei der Bevölkerung nichts erreichte, ließ man seinen Haß am Heiligtum aus. Zehn Tage nach dem großen Sonnenwunder, in der Nacht vom 22. zum 23. Oktober, zog man mit Spitzhacke und Spaten zum Erscheinungsort, zerstörte einen nach Landessitte errichteten Ehrenbogen und plünderte die Andachtsgegenstände, welche die Pilger dort auf einem Tisch niedergelegt hatten. Vor allem wollte man die Steineiche, über der Maria erschienen war, beseitigen. Man riß das vermeintliche Bäumchen heraus – hatte in der Eile aber das falsche erwischt –, trug es als Trophäe vor sich her und führte um das geschändete Heiligtum einen Siegestanz auf. Gleichzeitig veranstaltete man in der Stadt Santarèm eine Spottprozession mit schamlosen Liedern und anschließenden Reden, die von Gotteslästerungen strotzten.

In den Jahren 1918 bis 1920 ließen die Behörden durch Gewalttätigkeiten ihren Unwillen gegen den Klerus von Fatima und Umgebung aus, obwohl er immer noch große Zurückhaltung gegen die Erscheinungen zeigte. Auch verlangten sie von ihm, daß er die Pilgerzüge unterbinde, da ihre eigenen Verbote und Maßnahmen erfolglos geblieben waren.

Als alles nicht fruchtete, sperrte die Regierung am 13. Mai 1920 die Zufahrtswege nach Fatima durch Kavallerie- und Infanterieverbände. Da aber viele Soldaten gläubige Menschen waren, gelang es den Pilgern, zu Fuß die Abriegelung zu durchbrechen. So wurde auch das Militäraufgebot ein blamabler Schlag ins Wasser.

Die kirchenfeindlichen Behörden mußten eine Schlappe nach der anderen hinnehmen. Für die inzwischen errichtete Kapelle in der Cova da Iria hatte ein Konvertit eine Statue, das künftige Gnadenbild, die bekannte Fatimamadonna, in Torres Novas, einer Stadt unweit Fatimas, anfertigen lassen. Als die Jakobiner, ein radikaler und freigeistiger politischer Klub, davon erfuhren und dagegen aufbegehrten, verbot der Bezirksvorsteher den Transport der Figur und ließ peinlich genau alle Zufahrtswege nach Fatima überwachen.

Wieder vergeblich! Einfältig wie die Tauben und klug wie die Schlangen, gelang es Verehrern der Gottesmutter, das Gnadenbild in einer Kiste auf einem Ochsenkarren unter Baugeräten nach Fatima zu schmuggeln. Man konnte es allerdings nicht gleich ins Heiligtum der Cova da Iria bringen, da Kavallerie- und Infanterieabteilungen den Zutritt versperrten.

Am 19. Juni 1920 konnte es feierlich in der Gnadenkapelle aufgestellt werden. Dabei beglaubigte Gott erneut die Botschaft von Fatima durch ein eindrucksvolles Zeichen.

Eine Flut geheimnisvollen, bunten Lichtes brach von oben in die Kapelle herein und ergoß sich über die

Madonnenfigur. Auch die Kerzen um die Statue strahlten dieses geheimnisvolle Leuchten, blau, rot, gelb, grün oder violett in ständigem Wechsel, aus. Wenn sich von der einen Kerze dieses Licht ergoß, leuchtete die andere in jenem.

Ergriffen beobachteten diese Erscheinungen alle, die bei der feierlichen Aufstellung der Statue zugegen waren. Da man ständig mit einer erneuten Schändung des Heiligtums rechnen mußte, brachte man die Statue allabendlich in eine Privatwohnung. Dies erwies sich als klug.

In der Nacht zum 6. März 1922 wurden die Einwohner Fatimas durch eine heftige Detonation aus dem Schlafe geweckt, und am nächsten Morgen stellte man dann die Verwüstung am Fatima-Heiligtum fest. Mit vier Bomben hatten die Freimaurer die Gnadenkapelle in die Luft gesprengt. Ein fünfter Sprengkörper sollte die Steineiche beseitigen; aber er explodierte nicht. So blieb diese wiederum, wie das Gnadenbild, unversehrt.

Die ruchlosen Schänder hatten ihr Ziel abermals nicht erreicht, sondern hatten im Gegenteil erneut der Belebung des Glaubens einen guten Dienst erwiesen. Überall im Land wurden Proteste gegen dieses Vorgehen der Regierungskräfte laut, sogar im Parlament. – Der Ministerpräsident jedoch drohte mit noch schärferen Maßnahmen. – Trotz weiterer behördlicher Schikanen und Verfügungen gegen Fatima-Wallfahrten organisierte das gläubige Portugal am 13. Mai 1923 eine Sühneprozession zu den Trümmern der Cova da Iria. 60000 Pilger nahmen daran teil und spendeten für die Errichtung einer neuen Kapelle.

Insgesamt neun Jahre noch mußte Portugal nach den Erscheinungen unter diesen gottesfeindlichen und unfähigen Regierungen leiden.

Im Jahre 1926 kam der Retter Portugals in Gestalt des Marschalls Manuel Gomes da Costa. Er setzte seine Truppen von Braga aus nach Lissabon in Marsch und erließ am 28. Mai 1926 folgenden denkwürdigen Aufruf: »Portugiesen! Für einen jeden Mann von Ehre ist die Lage des Landes unannehmbar. Von der Tätigkeit einer tyrannischen, unmoralischen, verkommenen Minderheit niedergedrückt, fühlt die Nation voll Scham, daß sie stirbt. Was mich betrifft: ich rebelliere öffentlich! Mögen sich die würdigen und tapferen Männer mir anschließen, wenn sie mit mir siegen oder sterben wollen! Zu den Waffen, Portugal! Portugal, zu den Waffen! Für die Freiheit und Ehre der Nation!« [168]

Das Echo dieser Worte war stark und nachhaltig. Die Befreiung Portugals gelang, ohne daß ein Schuß fiel. – Das ganze Militär hatte sich dem Aufstand angeschlossen.

Manuel Gomes da Costa regierte zunächst mit zwei anderen Offizieren, von denen sich der eine, General Carmona, nach internen Schwierigkeiten durchsetzte und allein die Regierung übernahm. 1928 ernannte dieser Salazar zu seinem Finanzminister.

Salazar war Mitbegründer der »Katholischen Partei« und Professor für Sozialökonomie. Er leitete eine strenge Kontrolle aller staatlichen Ausgaben ein, brachte den Staatshaushalt ohne jede Auslandshilfe wieder ins Gleichgewicht, führte damit das sogenannte »portugiesische Wunder« herbei und erreichte es, daß Portugal nicht in die Weltwirtschaftskrise mit ihrer Arbeitslosigkeit hineingezogen wurde. 1933 wählte man ihn zum Ministerpräsidenten.

Die Begeisterung für Salazar war zuerst wegen seiner enormen Leistungen, seiner persönlichen Anspruchslosigkeit und seiner Zurückhaltung groß. Er hatte sich nicht zur Macht gedrängt, vermied jede demonstrative Publicity und begnügte sich in den ersten Jahren seiner Präsidentschaft mit einem Monatsgehalt von kaum 1000 Mark. Man darf wohl davon ausgehen, daß Salazar, trotz späterer Fehlgriffe, in seiner Politik – aufs Ganze gesehen – nicht sich, sondern die Wohlfahrt seines Landes suchte.

Leider aber regierte er diktatorisch und hielt seine Hände nicht rein von Schuld. Zudem beging er noch einige andere folgenschwere Fehler, von denen später die Rede sein wird.

Doch zunächst hatte er sein Land befriedet und aus seiner großen wirtschaftlichen Not herausgeführt. So hatte sich also – wenn es viele heute auch nicht mehr sehen wollen – im Jahre 1926 eine gute Wende im Schicksal Portugals vollzogen.

Darum war die Dankeswallfahrt der Nation am 13. Mai 1931, ein halbes Jahr nach der kirchlichen Anerkennung der Erscheinungen, in mehrfacher Hinsicht wohlbegründet. Die Leitung dieser Feierlichkeiten übernahm der Kardinal-Patriarch von Portugal persönlich. Auch die übrigen Bischöfe des Landes schlossen sich mit 300000 Pilgern der Wallfahrt an. So wurde sie ein erster Höhepunkt in der Geschichte Fatimas und des religiös wiedererwachten Landes.

Im Jahre 1936 geriet Portugal in eine neue große Gefahr. Im angrenzenden Spanien war der Bürgerkrieg ausgebrochen, der dieses Land in ein blutiges Schlachtfeld verwandelte. Und überall, wo kommunistische Revolutionstruppen herrschten, wurden Kirchen zerstört und wurden Priester, Ordensleute wie auch sonstige überzeugte Gläubige gemartert und gemordet mit dem Ziel, die katholische Kirche mitsamt ihren Kulturgütern zu vernichten. Sowjetrußland wollte diese Revolution auch nach Portugal tragen und die gesamte iberische Halbinsel zu seinem Vasallenstaat machen. »Die portugiesischen Bischöfe verfolgten gleich den Zivilbehörden mit großer Besorgnis das Anwachsen der kommunistischen Propaganda, die sich zum Ziel gesetzt hatte, noch 1936 eine Revolution zu entfachen.«[169]

In dieser Gefahr gelobte der Episkopat Portugals, eine Wallfahrt nach Fatima zu veranstalten und die Weihe der Nation an das Makellose Herz Mariens zu erneuern, wenn dem Lande diese schreckliche Geißel erspart bliebe.

Salazar gelang es trotz kommunistischer Verschwörungen und Attentate, Ordnung und Frieden zu erhalten. Zum Dank dafür löste am 13. Mai 1938 die ganze Nation das Versprechen der Bischöfe ein und »griff zum Pilgerstab«. Der Kardinal-Patriarch, zwanzig Bischöfe und über eine halbe Million Laien erneuerten in Fatima die Weihe ihres Landes an das Makellose Herz Mariens, während zugleich in allen Kirchen und Kapellen Portugals weitere Hunderttausende sich dem Dank- und Weihegebet der Pilger anschlossen.

Wenige Jahre danach konnte Salazar sein Land vor einer weiteren drohenden Gefahr bewahren: vor den Leiden und dem Blutvergießen des zweiten Weltkrieges. Es gelang ihm, Neutralität zu wahren.

Am 31.12.1940 schrieb Hitler in einem Brief an Mussolini: »Es waren alle Vorkehrungen getroffen, um am 10. Januar (1941) die spanische Grenze zu überschreiten und Mitte Februar Gibraltar zu erreichen. Der Angriff hätte meines Erachtens in verhältnismäßig kurzer Zeit zum Erfolg geführt. Die Truppen dafür waren hervorragend ausgesucht und ausgebildet, die Waffen für diesen Zweck besonders bestimmt und bereitgestellt.«[170]

Das Unternehmen war (unter dem Decknamen »Felix«) bis ins kleinste Detail vorbereitet. In der

»Führerweisung« vom 12.11.1940 heißt es unter anderem: »... Bereitstellung von Truppen, in Portugal einzumarschieren, falls die Engländer dort Fuß fassen sollten. Die hierfür vorgesehenen (hauptsächlich schnellen) Verbände marschieren unmittelbar hinter den für Gibraltar bestimmten Kräften in Spanien ein.«[171] Die Gefahr war für Portugal so drohend, daß Salazar bereits geplant haben soll, notfalls seinen Regierungssitz auf die Azoren zu verlegen.[172]

Die Eroberung Gibraltars sollte im Einvernehmen mit General Franco erfolgen. Dieser jedoch nahm zunächst eine hinhaltende, sodann eine freundlich ablehnende Haltung ein.

So war Portugal im Verlauf von 25 Jahren mehrfach aus höchster Gefahr errettet worden – wie wir glauben dürfen, durch den Schutz der Gottesmutter.

Am 31. Oktober 1942, als Pius XII. die Welt dem Makellosen Herzen Mariens weihte, sagte er in einer Radiobotschaft den Portugiesen – im Hinblick auf die Situation Portugals in den Jahren vor und nach den Erscheinungen: »Und ihr habt der heiligsten Jungfrau, der Herrin und Patronin eures Vaterlandes, eine große Dankesschuld abzutragen.

In einer tragischen Stunde des Dunkels und der Verwirrung, als das Schiff des portugiesischen Staates vom Kurs seiner glorreichen Tradition abirrte und im Sturm antichristlichen und antinationalen Geistes unentrinnbar dem Untergang preisgegeben schien, ... da griff der Himmel ... mitleidsvoll ein; und aus dem Dunkel brach das Licht hervor; aus dem Chaos erhob sich die Ordnung; dem Sturm folgte die Stille, und Portugal konnte den zerrissenen Faden der schönsten Traditionen dieser getreuesten Nation wiederfinden und wieder anknüpfen ...

Ehre den verdienstvollen Männern, die Instrumente

der göttlichen Vorsehung bei diesem großen Werke waren!

Vor allem aber gebührt Ruhm, Preis und Dank der heiligsten Jungfrau, Unserer Lieben Frau, der Königin und Mutter des St.-Marien-Landes, das sie tausende Male errettete ...«[173]

Im weiteren Verlauf der Ansprache kommt Pius XII. auf die Errettung Portugals aus der »Roten Gefahr« in den Jahren 1936–1938 zu sprechen.

Am 13. Mai 1946 sagte der Papst ebenfalls in einer Radiobotschaft anläßlich der Krönung der Gnadenstatue Unserer Lieben Frau von Fatima: »Der Krieg, der furchtbarer denn je war, suchte die Welt heim; während vier langer Jahre umschweifte er eure Grenzen, aber er hat sie nicht überschritten.«[174]

Doch, wie Paulus von sich schreibt, »Wir werden in die Enge getrieben und finden doch Raum; wir werden gehetzt und doch nicht eingeholt«,[175] so geht es bisweilen auch Nationen, auf die Gott seine schützende Hand gelegt hat.

Wohl haben die Erscheinungen von Fatima eine große Wende in der religiösen Situation Portugals herbeigeführt; aber sie haben aus Portugal natürlich nicht ein Land voller Heiligkeit gemacht, so gutmütig und freundlich-vornehm auch der Portugiese ist. Manch guter Pfarrer klagt dort gar sehr über mangelnden Gottesdienstbesuch am Sonntag.

Wohl hat Salazar sein Land aus höchster Not herausgerissen; zu Wohlstand vermochte er es nicht zu führen. Ja, die Kluft zwischen Arm und Reich wurde in gewisser Beziehung noch größer. Salazar war ein großer Finanzpolitiker und auch ein bedeutender Staatsmann; aber ein Adenauer war er keineswegs. Und noch weniger war er ein Erhard.

In der Kolonialpolitik verteidigte Salazar unhaltbar

gewordene Bastionen und sträubte sich gegen eine Entkolonialisierung.

In der Wirtschaftspolitik traf er Maßnahmen, die den Aufschwung des Landes hemmten und schließlich zu einer Massenemigration junger Leute (6,87%) führten. – Ein schmerzlicher »Blutverlust« für Portugal. – Durch reglementierte Preise hemmte Salazar den freien Wettbewerb. Er zeigte sich einer stärkeren Industrialisierung und dem, Portugal so einträchtigen, Massentourismus abhold, lehnte – wohl aus falschem Nationalstolz – die Hilfe des Marschallplanes ab und setzte sich – wahrscheinlich ganz bewußt – zu wenig für die Überwindung des Analphabetentums und für die Förderung des Bildungswesens ein. Am Ende der Ära Salazar gab es noch 33% Analphabeten im Land.

In der Sozialpolitik blieb er nicht müßig. Auch wollte er eine Agrar-Reform durchführen, die Latifundien, die übergroßen Güter Südportugals aufteilen. Er betrachtete diese Reform als eine »besonders wichtige, heikle und eilige Aufgabe«. Seine Bemühungen scheiterten jedoch am Widerstand der Latifundienbesitzer, gegen die er sich nicht durchzusetzen vermochte.

Innenpolitisch beging Salazar den verhängnisvollen Fehler, daß er nicht nach und nach das Land demokratisierte und das Volk nicht zu politischer Mündigkeit führte, sondern ganz im Gegenteil mit Mitteln der Gewalt jede Opposition unterdrückte.

Salazar, der unverheiratet geblieben war, starb 1970. Nach einem Schlaganfall im Jahre 1968 bereits war seine Präsidentschaft an Caetano, der eine Demokratisierung anstrebte, übergegangen. Leider konnte Caetano sich gegen rechtsgerichtete Kräfte nicht durchsetzen.

Am 25.4.1974 kam es zu einer Militärrevolte, die

zum Sturze des alten Regimes und zur Zerstörung der Gesellschaftsordnung führte. Der Anlaß zum Militärputsch waren zunächst nur der Unwille gegen den aussichtslosen Kolonialkrieg, den Portugal seit langem führte, und sonstige Unzufriedenheiten von Militärs. Doch kam bei diesem Umsturz der ganze angestaute Unmut des Volkes über die soziale, politische und wirtschaftliche Situation des Landes zum Durchbruch. Das Regime Salazar hatte sich, trotz manch hervorragender Leistungen, verhaßt gemacht. Die kommunistische Propaganda trug zu dieser Stimmung sicher auch das ihre bei.

Neue schwere »Gewitterwolken« zogen am Himmel Portugals auf. Die revoltierenden Militärs – Männer der verschiedensten politischen Richtungen, zum Teil Linke – hatten weder ein klares Konzept, noch die Kraft, Ordnung zu schaffen. Es folgten weitere Revolten – alle nahezu unblutig. Sieben provisorische Regierungen lösten einander bis Mitte 1976 ab.

In dem Machtvakuum, das nach dem 25.4.1974 durch die Ziellosigkeit der neuen Militärregierung entstanden war, gelang es den Kommunisten, der einzigen wohlorganisierten Untergrundpartei, an die Schaltstellen der Macht vorzudringen oder ihnen doch nahezukommen.

Sie bezogen die Schlüsselstellungen in den Tageszeitungen, im Rundfunk und Fernsehen. Als einzig geschulte Kräfte setzten sie sich an die Spitze der Arbeiterbewegung. Ihre ideologischen Schulungsversuche griffen bis in die Kindergärten hinein.

1975 wurde Vasco Gonçalves, ein Sympathisant der Kommunisten, Ministerpräsident. Die Banken, Versicherungsgesellschaften und ein größerer Teil der Industrie wurden verstaatlicht – ohne verfassungsrechtliche Grundlage. Die kommunistische Landarbeitergewerkschaft beschlagnahmte in raffinierter Weise landwirtschaftliche Betriebe. Nicht nur Großgrundbesitzer, sondern auch kleine Bauern verloren durch die Intrigen der Landarbeitergewerkschaft ihre Höfe. An die Stelle der Latifundien traten noch größere, von den Gewerkschaftlern dirigierte Produktionsgenossenschaften, die durch Mißwirtschaft ihren Teil zu einem auf allen Gebieten immer schneller fortschreitenden Ruin der Volkswirtschaft beitrugen.

Alles in allem: Die Kommunisten und die ihnen nahestehenden Kreise wirkten – teils gewollt, teils ungewollt – zersetzend und zerstörend und hatten im Sommer 1975 alle Machtmittel des Landes in ihrer Hand. Über die Gründe, weshalb die Kommunisten nicht den letzten Griff zur Macht wagten, läßt sich nur rätseln.

Am 27. November 1975 setzte Oberstleutnant Eanes unter Beteiligung anderer Militärs durch einen Putsch, bei dem wiederum kaum ein Schuß fiel, der Revolution ein endgültiges Ende. Diese Männer griffen ein, nicht weil sie besonders rechts gerichtet gewesen wären – die Rechten waren entmachtet, vertrieben oder eingeschüchtert –, sondern weil – wie eine Zeitung schrieb – »sie dem Tollhaus, in das die Revolution Portugal verwandelt hatte, nicht mehr zuschauen[176]« und weil sie eine echte gefestigte Demokratie herbeiführen und sichern wollten. Portugal war wieder einmal einer unheimlichen Gefahr entronnen.

Neue Parlamentswahlen wurden für den 25. April 1976 anberaumt. Wahlsieger wurde mit einem Stimmenanteil von 35 % die PS, die Sozialistische Partei, unter der Führung Mário Soares. Sie steht unserer SPD sehr nahe. 24 % der Stimmen erhielt die PSD, die Portugiesische Sozialdemokratische Partei. Sie ist ideologisch nicht gebunden und wurde trotz ihres Namens nicht in die Sozialistische Internationale aufgenommen. Auch weltanschaulich hat sie keine betonten Bindungen, vertritt jedoch bereitwillig christliche und kirchliche Belange. Die Zentrumsdemokraten (CDS), die in etwa die Rolle unserer CDU spielen, erwarben sich 16% und die MDP/CDE, die Kommunisten, 15% der abgegebenen Stimmen.

Im Juni 1976 fand die Wahl des Staatspräsidenten, der bedeutend mehr Machtbefugnisse besitzt als der Bundespräsident der BRD, statt. Eanes trug mit 61,5% der Stimmen den Sieg davon und ernannte Mário Soares zum Ministerpräsidenten.

Eanes steht als gläubiger Katholik positiv zur Kirche. Seine Gattin, Frau Dr. Manuela Eanes, kommt aus der katholischen Studentenbewegung.

Mário Soares war in der Jugend für kürzere Zeit ein militanter Kommunist, trat dann aber sehr bald aus ideologischen Gründen aus dieser Partei aus. Während der Revolution – vor allem, nachdem er eine politische »Ohrfeige« von den »Roten« erhalten hatte – wurde er zu einem entschiedenen, wagemutigen Kämpfer gegen den Kommunismus.

Nach einer Regierungskrise mußte Soares sein Amt niederlegen, bildete aber 1982, nach Neuwahlen, wiederum eine Regierung, und zwar diesmal mit der PSD.

Die heutige Situation Portugals läßt sich folgendermaßen skizzieren: Die Demokratie ist gefestigt; die Kirche und ihre Belange werden von der Regierung respektiert; die wirtschaftliche Lage hat sich zwar etwas gebessert, ist insgesamt aber immer noch verfahren. Die falsche Wirtschaftspolitik Salazars und mehr noch die verheerende Mißwirtschaft der nachfolgenden Revolutionszeit werden Portugal noch sehr lange zu schaffen machen, zumal die Wirtschaftspolitik von Mário Soares nicht besonders vorteilhaft war.

Die so ungut angefaßte, aber doch so notwendige Agrar-Reform ist weitgehendst rückgängig gemacht. Das Problem des Landproletariats im Süden Portugals bleibt vorerst ungelöst.

»Und es wird Friede sein, wenn ...«

Als im Jahre 1960, am 13. Oktober, wie alljährlich, die Pilgerscharen in Fatima zum Gebet versammelt waren, fand gleichzeitig eine UNO-Vollversammlung statt, bei der Chruschtschow eine Rede hielt, in der er mit »Absoluten Waffen« drohte, die Rußland nun besäße. Sie seien geeignet, die Vereinigten Staaten Amerikas mit einem Schlage zu vernichten, ohne daß diese die Möglichkeit hätten, einen Abwehrschlag zu führen.

Zum Beweis dafür sollte während seiner Rede eine gigantische Rakete in Rußland gezündet werden. Marschall Nedelin, der Oberste Befehlshaber der russischen Raketenabteilung, hatte die Leitung dieses großen Unternehmens.

Der Countdown war absolviert. Die Rakete hätte nun starten müssen; doch – sie zündete nicht. Der Marschall und seine Leute warteten fieberhaft. Sie warteten fünf, zehn, zwanzig Minuten. Nichts geschah. Schließlich verließ Nedelin mit zahlreichem Gefolge den Schutzbunker, um die Ursache des Versagens zu suchen und den Fehler zu beheben. Im selben Augenblick explodierte die Rakete. Der Marschall fand mit 300 Technikern den Tod.

Auf diese Hiobsbotschaft hin flog Chruschtschow überstürzt, ohne Zwischenlandung, nach Moskau zurück.[180] So geschehen an einem der großen Gebets- und Bußtage Fatimas.

Wie Gott jene Pläne Chruschtschows zunichte machte, so kann er alle Kriegspläne scheitern lassen. Alles liegt in seiner Hand. Was er will, das vollbringt er. Er vermag unserer Zeit Frieden zu schenken und zu erhalten – und er will es auch. Aber er will den Frieden nicht bedingungslos geben. Ja, er kann ihn nur gewähren, wenn man bereit ist, die eigentliche, die tiefste Wurzel allen Unfriedens und aller Kriege auszureißen – und das ist die Sünde, denn die Sünde führt ja nicht nur zur Abkehr von Gott, sondern auch vom Nächsten. Sie erwächst aus ungeordneter Eigenliebe und führt zur Konzentration auf das eigene Ich, zum Egoismus – zum Egoismus des Einzelnen, der Interessengruppen und der Völker. Gott läßt dann zur Strafe für die Abkehr von ihm der gegenseitigen Zerstörung freien Lauf.

Um die Umkehr der Welt, welche die Bekehrung Rußlands notwendig einschließt, zu erwirken, hat Gott in Fatima zu den notwendigen, allgemeinen Mitteln des Heiles noch außerordentliche angeboten. Durch sie will er unserer Zeit eine besondere Hilfe in ihrer Bedrängnis gewähren.

Es sind allerdings Mittel, die dem Geschmack vieler wenig entsprechen, denen auch gute Christen keine besondere Bedeutung beimessen möchten: der Rosenkranz und die Verehrung des Makellosen Herzens Marias. Schon bei allen drei Erscheinungen des Engels wurden die Seher von Fatima zur Verehrung des Makellosen Herzens Marias angeregt.

Maria berührte nach Fonseca schon bei ihrer ersten Erscheinung diese Andachtsform und kündigte bei der zweiten am 13. Juni an, daß Gott die Verehrung ihres Makellosen Herzens durch Lucia fördern wolle.

Am 13. Juli, im Zusammenhang mit der Höllenvision und der Prophezeiung völkervernichtender Kriege, ging Maria genauer auf das außergewöhnliche Gnadenangebot Gottes ein.

Die entscheidenden Sätze seien noch einmal genannt: »Ihr habt die Hölle gesehen, wohin die Seelen der armen Sünder kommen. Um sie zu retten, will

Gott die Andacht zu meinem Makellosen Herzen begründen. Wenn man tut, was ich euch sage, werden viele gerettet werden, und es wird Friede sein ... Wenn man nicht aufhört, Gott zu beleidigen, wird ... ein anderer schlimmerer Krieg beginnen ...

Um das zu verhüten, werde ich kommen, um die Weihe Rußlands an mein Makelloses Herz und die Sühnekommunion an den ersten Samstagen zu fordern.

Wenn man auf meine Wünsche hört, wird Rußland sich bekehren, und es wird Friede sein.«[181]

Acht Jahre nach den Erscheinungen von Fatima, als Lucia Postulantin in Pontevedra war, löste Maria ihr Versprechen, wiederzukommen, um zur Sühnekommunion aufzurufen, ein. Der Bericht über diese Vision, die einigen seltsam erscheinen mag, sei wörtlich dem Buche »Schwester Lucia spricht über Fatima« entnommen:

»Am 10. Dezember 1925 erschien die Heiligste Jungfrau in Pontevedra und seitlich, in einer leuchtenden Wolke, ein Kind. Die Heiligste Jungfrau legte ihr (Lucia) die Hand auf die Schulter und zeigte ein von Dornen umgebenes Herz, das sie in der anderen Hand hatte.

Das Kind sagte: ›Habe Mitleid mit dem Herzen deiner heiligsten Mutter, umgeben von Dornen, mit denen die undankbaren Menschen es ständig durchbohren, ohne daß jemand einen Sühneakt machen würde, um sie herauszuziehen.‹

Darauf sagte die Heiligste Jungfrau: ›Meine Tochter, schau mein Herz, umgeben von Dornen, mit denen die undankbaren Menschen durch ihre Lästerungen und Undankbarkeiten es ständig durchbohren. Suche wenigstens du mich zu trösten und teile mit, daß ich verspreche, all jenen in der Todesstunde mit allen Gnaden, die für das Heil dieser Seele notwendig sind, beizustehen, die fünf Monate lang jeweils am ersten Samstag beichten, die heilige Kommunion empfangen, einen Rosenkranz beten und mir während 15 Minuten durch Betrachtung der 15 Rosenkranzgeheimnisse Gesellschaft leisten in der Absicht, mir dadurch Sühne anzubieten.‹ ...«[182]

Zwei Monate danach, am 26. Februar 1926, erschien jenes Kind erneut, diesmal allein, der Seherin und drängte darauf, die Andacht zum Makellosen Herzen seiner Mutter zu verbreiten. Auf eine Frage Lucias erklärte es, das Bußsakrament müsse nicht am Samstag oder unmittelbar vor ihm empfangen werden, sofern man nur im Stande der Gnade sei. Entscheidend wäre, daß man die hl. Kommunion empfange (nach heutigem Verständnis formuliert: Eucharistie feiere), in jenem Geist besagter Sühne.

Am 13. Juni 1929, als Lucia bereits im Kloster von Tuy lebte, schloß die Botschaft von Fatima mit einer Dreifaltigkeitsvision.

Lucia hielt gerade eine private mitternächtliche Anbetungsstunde in der Klosterkapelle vor dem Allerheiligsten. Nur das Ewige Licht brannte. Da erhellt plötzlich ein übernatürliches Licht die ganze Kapelle. Ein Sinnbild des dreifaltigen Gottes erscheint über dem Altar: ein Kreuz mit dem Gekreuzigten, über ihm Gottvater (dargestellt im Antlitz und Oberkörper eines »Menschen«) und der Heilige Geist im Symbol der Taube – alles von jenem übernatürlichen Licht durchflutet. Unter dem rechten Arm des Gekreuzigten steht Maria. In ihrer linken Hand hält sie ein dornenumranktes Herz, aus dem Flammen lodern. Unter dem linken Arm des Kreuzes, zum Altar herablaufend, leuchten in großen kristallklaren Buchstaben die Worte: »Gnade und Barmherzigkeit«.

»Ich verstand«, schreibt Lucia, »daß mir das Geheimnis der Heiligsten Dreifaltigkeit gezeigt worden war, und empfing Erleuchtungen über dieses Geheimnis, die zu offenbaren mir nicht gestattet sind.

Anschließend sagte mir Unsere Liebe Frau: ›Es ist der Augenblick gekommen, in dem Gott den Heiligen Vater auffordert, in Vereinigung mit allen Bischöfen der Welt die Weihe Rußlands an mein Makelloses Herz zu vollziehen; er verspricht, Rußland durch dieses Mittel zu retten. – So viele Seelen werden von der Gerechtigkeit Gottes wegen der Sünden verdammt, die (durch das Unrecht) gegen mich begangen werden, so daß ich komme, um Sühne zu bitten: Opfere dich für diese Meinung und bete.‹

Ich berichtete alles meinem Beichtvater, der mir auftrug, niederzuschreiben, was Unsere Liebe Frau wünscht.« [183]

Aus einem Brief Lucias geht hervor, daß der Beichtvater diese Botschaft weitergeleitet hat.

»Etwas später«, berichtet die Seherin, »mittels einer inneren Erleuchtung, beklagte sich der Herr, daß man seinen Wunsch (der Weihe Rußlands an das Makellose Herz seiner Mutter) nicht habe erfüllen wollen ... Man wird es tun; aber es wird spät sein. Rußland wird seine Irrtümer in der Welt verbreiten, wird Kriege hervorrufen, die Kirche verfolgen, und der Heilige Vater wird viel zu leiden haben.« [184]

Im Jahre 1937 schreibt schließlich auf erneute Bitten Lucias der Bischof von Leiria/Fatima, Dom José Alves Correia da Silva, persönlich an Pius XI.

Er weist darauf hin, daß die Bischöfe Portugals gelobt hatten, eine Landeswallfahrt nach Fatima zu halten, wenn die kommunistische Revolution von Spanien nicht auf Portugal übergreifen würde, und daß dann, »Dank der Heiligsten Jungfrau«, der Friede in Portugal erhalten blieb.

Sodann berichtet er von Lucia und bittet schließlich darum, eine feierliche Weihe Rußlands an das Heiligste Herz Jesu und an das Herz Marias zu vollziehen und die Sühneandacht zum Makellosen Herzen Mariä zu billigen.

Pius XI. ging leider nicht darauf ein.

Am Abend des 25. Januar 1939 zeigte sich am Himmel eine sonderbare Lichterscheinung, die bis in die Nacht hinein glühte. Eine der Berichterstattungen der Wetterstationen lautete: »Der Himmel war entflammt wie ein Glutherd, der einen blutigen Schein ausstrahlte. Die Lichtreflexe wechselten von tiefrot bis violett.« [185]

Lucia erkannte darin das von Maria am 13. Juli 1917 angekündigte Zeichen.

Kurz danach, unter dem Datum vom 6. Februar 1939, teilte Lucia P. J. Aparicio folgendes mit: »In einer innerlichen Mitteilung ließ mich der Herr erkennen, daß der gnadenvolle Augenblick, von dem er im Mai 1938 gesprochen hat, zu Ende geht. Der Krieg mit allen Schrecken, die ihn begleiten, wird bald beginnen ... Er (der Herr) verspricht den besonderen Schutz des Makellosen Herzens Mariens für Portugal im Hinblick auf die Weihe, welche der Episkopat mit dem Volk an ihr Makelloses Herz vorgenommen hat ...; aber weil Portugal in die Schuld verstrickt ist, muß es einige Folgen des Krieges erleiden, der enden wird, wenn die Zahl und das Blut der Märtyrer seine Gerechtigkeit versöhnt haben.« [186]

In denselben Tagen schrieb Lucia an den Bischof von Leiria: »Die angekündigten Dinge werden sich in kurzer Zeit verwirklichen.« [187]

Schließlich brach, wie vorausgesagt, der Krieg aus. Es war am 1. September 1939.

Am 2. Dezember 1940 schrieb Lucia selbst an den

neuen Papst, Papst Pius XII., trug ihm die Wünsche der Gottesmutter vor und führte u. a. folgendes aus: »Wenn Eure Heiligkeit sich würdigt, die Weihe der Welt an das Makellose Herz Marias unter besonderer Erwähnung Rußlands vorzunehmen und anzuordnen, daß in Vereinigung mit Eurer Heiligkeit alle Bischöfe der Welt dasselbe tun, dann verspricht er (der Herr), schließlich die Tage der Trübsal abzukürzen, die er zur Bestrafung der Völker für ihre Sünden ... bestimmt hat.«[188]

Zum Schluß äußerte Lucia noch die ganz persönliche Bitte, das Fest zu Ehren des Herzens Marias auf die ganze Kirche auszudehnen. – Partikulär bestand es schon 300 Jahre.

Pius XII. ging nach und nach auf nahezu alle Bitten ein. 1942 weihte er die Kirche und das ganze Menschengeschlecht dem Makellosen Herzen Marias, 1943 ordnete er an, daß alle Bischöfe in ihren Diözesen diese Weihe vollziehen sollten, und 1944 schrieb er das Fest des »Unbefleckten Herzens der allerseligsten Jungfrau Maria« für den Oktavtag von Mariä Aufnahme in den Himmel vor. (Bei der Liturgiereform wurde es als Gedächtnistag auf den Samstag nach dem Herz-Jesu-Fest verlegt.)

1952 erst weihte Papst Pius XII. Rußland dem Makellosen Herzen Marias – zum Bedauern Lucias leider nicht, wie es Maria wünschte, in Verbindung mit allen Bischöfen der Welt.

Papst Paul VI. wollte dies nachholen. Den Termin der Weihe hatte er schon für den 21. November 1964 festgelegt, doch kam das Vorhaben leider nicht zur Ausführung.

Paul VI. unternahm jedoch am 17. Mai 1967, wie schon berichtet, eine Wallfahrt nach Fatima. Seine Fahrt vom Flughafen Monte Real, wo er gelandet war, nach Fatima wurde zu einem Triumphzug ohnegleichen.

Papst Johannes Paul II. weihte bei seiner Dankeswallfahrt, von der ja ebenfalls berichtet wurde, wie Pius XII. die Welt – in gedämpfter Stimme soll er auch Rußland genannt haben –[189a] dem Makellosen Herzen Marias.

Am 25. März 1984 erneuerte er, um dem Wunsch der Gottesmutter und des Herrn voll zu entsprechen, diese Weihe zusammen mit allen Bischöfen der Welt, wobei Rußland zwar nicht namentlich, aber doch sinngemäß, besonders genannt wurde.

Folgende Verheißung des Herrn, die er Lucia gab, hat sich damit in doppelter Hinsicht erfüllt: »Man wird es tun (man wird Rußland dem Makellosen Herzen Mariens weihen); aber es wird spät sein. Rußland wird seine Irrtümer verbreiten, wird Kriege hervorrufen...« Wie Gott der Welt die Geißel des Kommunismus nicht erspart hat, offenbar auch, weil man seinen Wunsch, Rußland der Gottesmutter zu weihen, nicht erfüllt hatte, so scheint nun Segen für die Welt aus dieser vollzogenen Weihe erwachsen zu sein.

Die drohenden Gefahren sind jedoch noch nicht gebannt. Die Bekehrung Rußlands hat sich zwar angebahnt, aber noch nicht vollzogen. Die politische Macht des Kommunismus im Ostblock ist vorerst gebrochen, die kommunistische Gefahr und die kommunistisch-atheistische Ideologie sind aber noch nicht überwunden. Vor allem hat sich die Umkehr zu Gott in der übrigen Welt noch nicht angebahnt.

Die Mittel, die in Fatima zur Heilung der Welt angeboten wurden, werden von nur wenigen angenommen: die schon genannte Verehrung des Makellosen Herzens Mariens und das Rosenkranzgebet, zu dem die Gottesmutter bei allen Erscheinungen aufgerufen hat.

Karl Rahner schreibt im Jahre 1982 an einen jungen Menschen: »So verrückt das vielleicht heute klingen mag, würde ich doch empfehlen, einmal zu versuchen, einen Rosenkranz zu beten, für Dich allein. Die ruhige, gelassen gesprochene Folge derselben Worte und ein Blick auf die darin angerufenen Mysterien des Lebens Jesu können, wenn man dabei nicht ungeduldig wird und so etwas langsam einzuüben versucht, jene eigentliche Stille in einem hervorrufen, in der man vor Gott weilt.« [190a]

Und, »so verrückt das vielleicht heute klingen mag«, die Verehrung und Betrachtung der Liebe Marias, die in ihrem Makellosen Herzen versinnbildet ist, könnte unserer Zeit mehr Wärme, mehr Mitte, mehr Geborgenheit, mehr Frieden und Heil vermitteln.

Es gibt Gebetsvereinigungen, die sich verpflichten, durch das Gebet des Rosenkranzes, durch Buße, Sühne und Verehrung des Makellosen Herzens Marias zur Bekehrung Rußlands und zur Erlangung des Weltfriedens beizutragen. Die bedeutendsten dieser Verbindungen sind das »Fatima-Apostolat U. L. Frau in Deutschland e. V. (Blaue Armee Mariens)« und der »Rosenkranz-Sühne-Kreuzzug«. Im Anhang dieses Buches sind ihre genauen Anschriften angegeben. Bindungen können dazu verhelfen, besser zu einem Vorsatz zu stehen. Entscheidend jedoch ist, daß überhaupt gebetet wird – ob innerhalb oder außerhalb einer Vereinigung.

Als ein Bote des Propheten Elisäus dem aussätzigen Syrer Naaman mitteilte: »Geh, bade dich siebenmal im Jordan, so wirst du wieder gesund und rein werden«,[190b] entgegnete Naaman unwillig: »Sind nicht der Abana und Parphar, die Flüsse von Damaskus, besser als alle Wasser in Israel?« [191]

Und, zornerfüllt über diese demütigende Zumutung, wollte er wieder heimkehren. Da redete ihm sein Diener zu: »Hätte der Prophet etwas Schwieriges von dir verlangt, so tätest du es sicher.«[192]

Ähnlich wie Naamann verhält sich ein großer Teil der Kirche gegenüber der Botschaft von Fatima. Hätte Gott Schweres zur Erhaltung des Friedens verlangt, man würde es wohl tun; aber das Rosenkranzgebet und die Verehrung des Makellosen Herzens Mariens sind vielen, vielleicht auch bisher uns, nicht gut genug.

»Sind unsere Flüsse nicht besser als alle Wasser von Fatima?!«

Der Syrer Naaman ließ sich umstimmen und wurde durch diese Bereitschaft zu demütigem Glauben von seinem Aussatz geheilt.

Zur Rechten des Thrones ihres Sohnes

Maria hat bei den Erscheinungen von Fatima einige Worte gesagt, die beim kritischen Leser vielleicht Fragen über ihre Macht aufgeworfen haben, Worte, die besser dem allmächtigen Schöpfer zu Munde stehen würden als Maria, einem Geschöpf:

»Wenn man meine Wünsche erfüllt, wird Rußland sich bekehren ... Zum Schluß wird mein Makelloses Herz über alle Irrtümer siegen.« »Wer sie (die Andacht der Sühnesamstage) übt, dem verspreche ich das Heil.«

Wer entscheidet über Krieg und Frieden?

Wem ist die Macht gegeben, Irrtümer zu überwinden?

Wer allein bringt der Welt das Heil? Gott oder Maria? Oder ...?

Manch kleiner »Machthaber« wacht ängstlich über seine Befugnisse. In allem möchte er persönlich gefragt werden, möchte alle Entscheidungen selbst fällen. Hinter solcher Haltung verbergen sich oft Minderwertigkeitskomplexe oder Schwäche und Unsicherheit. Je »ohn-mächtiger« jemand ist, je geringer seine Autorität, je morscher seine Macht, um so eifersüchtiger wacht er über die Gewalt, die er in seinen Händen hält.

Je größer dagegen jemandes Macht, Autorität und Würde, je weniger er um sie zu bangen braucht, um so bereitwilliger läßt er im allgemeinen andere an ihr teilnehmen. Unbesorgt gibt er sie weiter und entscheidet nicht alles persönlich.

Der All-Mächtige braucht sich nicht zu ängstigen, daß er die Fäden aus der Hand verlieren könnte, wenn er andere an seiner Herrschaft teilnehmen läßt.

Gottes absolute Macht, seine über alles erhabene Hoheit, seine unantastbare Heiligkeit zeigen sich nicht darin, daß er ängstlich und eifersüchtig alle Macht selbst ausübt, sondern darin, daß er seine Gewalt unbekümmert weitergibt.

So sagt er nach der Erschaffung des Menschen: »Erfüllet die Erde und macht sie euch untertan. Herrscht über die Fische des Meeres, über die Vögel des Himmels und über jedes Lebewesen, das sich auf Erden regt.« [193]

Und zum Menschensohn sagt er: »Mein Sohn bist du, heute habe ich dich gezeugt. Ich will dir die Völker zum Erbe geben, die Enden der Erde zum Eigentum.« [194] *Ihm hat er »alle Gewalt gegeben im Himmel und auf Erden.«* [195]

Weil Jesus Christus alle Macht besitzt, braucht auch er nicht um sie zu bangen. Er kann sie großzügig weitergeben und tut es. So verleiht er den Aposteln die Gewalt, Dämonen auszutreiben und Kranke zu heilen. Mehr noch! Er sagt zu ihnen und anderen: »Wem ihr die Sünden nachlassen werdet, dem sind sie nachgelassen, und wem ihr sie behalten werdet, dem sind sie behalten.« [196]

Und die Vollmacht, die er Petrus überträgt, ist noch umfassender: »Was immer du auf Erden binden wirst, wird auch im Himmel gebunden sein.« [197a] *Noch unglaublicher ist die Macht, die er allen Priestern überträgt, die Gewalt, Brot in seinen Leib und Wein in sein Blut zu verwandeln. Und ausnahmslos allen Menschen erteilt er die Vollmacht, im Namen des Dreifaltigen Gottes durch die Taufe göttliches Leben zu vermitteln.*

Bei all diesen Vollmachten, die Menschen bereits auf Erden übertragen sind, handelt es sich um ureigenste, göttliche Rechte und Kräfte, die der Mensch in eigener freier Entscheidung in Anspruch nehmen kann und soll – natürlich nur im Namen Gottes.

Wird nun Gott, der schon hier an seiner Macht Anteil gibt, dem Menschen nach seiner Vollendung, in seiner Herrlichkeit, keinerlei Machtbefugnisse, keinerlei Wirk- und Wunderkraft schenken? Werden die Heiligen des Himmels zu bloßen Marionetten ohne Eigeninitiative und ohne persönliche Vollmachten?

Ähnlich wie der Vater alle Macht weitergegeben hat – an den Sohn –, ähnlich gibt auch der Sohn denen Anteil an ihr, die an seiner Gottes-Sohnschaft teilnehmen werden. Hat er doch den Aposteln versichert: »Wahrlich, ich sage euch, ihr, die ihr mir nachgefolgt seid, werdet bei der Neugestaltung … auf zwölf Thronen sitzen und die zwölf Stämme Israels richten.« [197b] *Und uns allen sagt die Heilige Schrift:*

»Sie werden herrschen in alle Ewigkeit.« [198]

Sind diese Worte vom Herrschen mit Gott bloße Phrasen? Phrasen braucht, wer nichts zu sagen und nichts zu geben weiß. Zwar haben wir keinerlei Vorstellung und auch keinerlei Offenbarungen über die Art unserer Herrschaft mit Gott, doch wird sie alles Denkbare übertreffen. Sie wird göttlich, gottgemäß sein – das wissen wir im Glauben.

Und noch ein weiteres geht aus der Offenbarung hervor: Nicht jeder wird in gleichem Maße an der Herrschaft Gottes Anteil erhalten. Es wird Größere und Kleinere im Himmelreich geben.

Ein Drittes tut uns Jesus dazu kund: Die Größe im Himmelreich, die Anteilnahme an der Herrschaft Gottes also, wird sich nicht nach dem Rang bemessen, den einer hier auf Erden einnahm. Gottes Maßstab geht von anderen Werten aus: Je kleiner jemand auf Erden zu sein vermochte, um so größer wird er im Himmelreich sein. Deswegen wird zur Rechten des

Menschensohnes nicht einer von den Männern sitzen, die sich um diese Würde zeitweilig gestritten haben, sondern jene Frau, die immer im Hintergrund stand, die nie etwas aus sich gemacht hat, die nicht mehr vor den Menschen sein wollte als das, was man an ihr sah: eine einfache, schlichte, arme Frau.

Ihr, der niedrigen Magd, der demütigsten aller Geschöpfe, hat der Vater den Platz zur Rechten seines Sohnes vorbehalten und gegeben.

Dort thront sie nun und herrscht mit mütterlicher Gewalt im Namen und in der Kraft ihres Sohnes – nicht als Marionette, sondern als Königin des Himmels und der Erde.

Maria, die Mutter Gottes, nimmt, wie wir glauben dürfen, in einer Weise und in einem Maße an der Herrschaft Gottes teil, die das Mitherrschen aller anderen Auserwählten mit Christus nicht nur graduell, sondern wesensmäßig übersteigt. Sie ist aller Engel und aller Heiligen Königin. Ihre Größe, Würde und Macht übersteigen jedes Begreifen.

Durch Maria zu Christus – Ein Wallfahrtstag in Fatima

Viele befürchten, eine betonte Marienfrömmigkeit könnte der Ehre Gottes Abbruch tun. Für Fehlformen der Marienverehrung trifft dies zweifellos zu, genauso wie für alle Fehlformen der Nächsten- und selbst der Gottesliebe (z. B. Vernachlässigung von Pflichten zugunsten religiöser Akte). Jede echte, wahre Nächstenliebe aber führt um so besser und näher zu Gott, je größer und tiefer sie ist. So heiligt sich ein Ehemann nicht dadurch, daß er aus Liebe zu Gott seine Frau möglichst in den Hintergrund schiebt, sondern dadurch, daß er sie liebt, »wie Christus seine Kirche geliebt hat, der sich für sie hingegeben hat.« [199]

Ebenso wächst durch jede echte Marienminne die Christusliebe. Die Geschichte der Heiligen wie auch das Leben der Seher von Fatima, beispielsweise ihr häufiges, stundenlanges Verharren vor dem Tabernakel, beweisen es.

»Ich sage Jesus so gern, daß ich ihn liebe. Wenn ich es ihm viele Male sage, scheint es mir, daß ich eine Flamme in der Brust habe; aber ich verbrenne mich nicht dabei«,[200a] so offenbarte sich die kleine Jacinta einmal ihrer Cousine Lucia. Ein anderes Mal sagte sie ähnlich: »Ich habe unsern Herrn und Unsere Liebe Frau so gern, daß ich niemals müde werde, ihnen zu sagen, daß ich sie liebe.« [200b]

Wie im Leben der Seher, so steht auch bei den Wallfahrtstagen von Fatima die Eucharistie im Mittelpunkt.

Jährlich am 12./13. der Monate Mai bis Oktober strömen Hunderttausende zum Marienlob und zur Anbetung des Herrn zur Cova da Iria. Es sind Menschen aus allen Ständen und aus allen Altersschichten. Junge Mütter mit ihren Säuglingen, Väter mit ihren heranwachsenden Söhnen und Töchtern, Großmütter und -väter, deren sich die Familienangehörigen in beeindruckender Weise annehmen – ein Bild des wandernden Gottesvolkes. Die meisten haben den Weg zu Fuß zurückgelegt, waren 24, 48 Stunden und mehr unterwegs, und manche, aus anderen Teilen Europas, haben eine mehrtägige Autobusfahrt hinter sich.

Am Tage vor den großen Monatswallfahrten gleichen alle Straßen, Wege und Pfade Flüssen oder Bächen, deren Wasser zur Cova da Iria strömen und diese Mulde in ein Meer von Menschen verwandeln. Bisweilen sind es über 500000 Pilger, welche die Cova da Iria in ihren Schoß aufnimmt. – Am Tage der Fatima-Wallfahrt Johannes Paul II. waren es über eine Million.

Der Weg aller führt zuerst zur Gnadenkapelle, wo sich ergreifende Szenen kindlichen Glaubens und Vertrauens abspielen.

Am Abend des 12., 19.00 Uhr, ist an der Erscheinungskapelle die Eröffnung der Wallfahrtsfeier. Eine Nacht persönlichen und gemeinsamen Betens und Singens bricht an. Zeit zum Schlafen gönnen sich die Pilger kaum. 21.30 Uhr beginnt das gemeinsame Rosenkranzgebet. Ihm folgt gegen 22 Uhr die Lichterprozession. Lassen wir darüber Professor Dr. Ludwig Fischer aus seinem Buche »Fatima, das portugiesische Lourdes« berichten:

»Ich stand oben am Rande der Cova da Iria und schaute hinab in dieses von der Natur gebildete, große Amphitheater, in dem die Menschen auf und nieder wogten wie im nächtlichen Sturm die Wellen des düsteren, von den Armen der Bergriesen festumschlossenen Alpsees. Da und dort flammte in diesem Talkessel ein Licht auf. Bald waren es Hunderte. Und aus Hunderten wurden Tausende und Zehntausende. Der dunkle Talkessel war in einen lebendigen Feuersee verwandelt.

Man fühlt es sofort: Was man hier sieht, ist ein einzigartiges Schauspiel, wie es auf der Erde nicht seinesgleichen hat. Was bedeuten da die Lichter von Kevelaer oder Einsiedeln oder Altötting ... im Vergleich zu diesem Lichtermeer? Diese leuchtende Maiandacht in der Mulde von Iria läßt alles hinter sich zurücktreten.«[201]

Nachdem so die Nacht durch das Licht erhellt ist, erscheint der Bischof. Die »Lichterprozession« beginnt. Das Gnadenbild von Fatima wird auf einer blumengeschmückten Tragbahre durch das Meer der Beter hindurchgetragen, gefolgt von kirchlichen und weltlichen Würdenträgern. Dabei singt die Menge ergriffen das Fatima-Lied, in dem, ähnlich wie im Lourdes-Lied, in schlichter Weise die Geschichte der Erscheinungen erzählt wird.

Die Lichterprozession mündet ein in die Eucharistiefeier auf dem Pilgerplatz. Dieses Gedächtnis des Todes und der Auferstehung unseres Herrn, gefeiert in Konzelebration von Bischöfen und zahlreichen Priestern zusammen mit hunderttausenden Gläubigen im kerzenerleuchteten Dunkel der Mitternacht, ist ein erster Höhepunkt der Wallfahrt.

Mit dem Entlassungsgruß der Eucharistiefeier hat das nächtliche Beten keineswegs sein Ende gefunden. Ein Pilgerzug nach dem anderen hält nun von 0–3 Uhr Gebetswache vor dem Herrn in Brotsgestalt. Einige Wallfahrer ziehen sich in ihre Quartiere zurück, sofern sie welche haben – das sind jedoch die allerwenigsten –, andere suchen in ihrem Fahrzeug Ruhe, die meisten biwakieren am Rande des Heiligtums unter den Bäumen, setzen oder legen sich dort auf den Boden, in eine Decke gehüllt, oder unter eine Plastikplane, und neuerdings auch in kleine Zelte, um ein wenig zu schlafen und dann wieder zu beten.

Von 3–4 Uhr schließt sich der Anbetung des Allerheiligsten Altarssakramentes eine marianische Andacht und dieser, von 4–5 Uhr, der Kreuzweg an. Ihm folgt eine weitere Heilige Messe mit anschließender eucharistischer Prozession, bei der das Allerheiligste durch die Pilgerscharen hindurchgetragen wird. 7 Uhr ist gemeinsames Rosenkranzgebet.

10 Uhr beginnt die Hauptfeier. Die Fatima-Madonna wird in feierlicher Prozession mit Fahnen und Standarten aus der Gnadenkapelle geholt, und dann erhält sie einen Ehrenplatz in der Nähe des Altars, der unter einem großen Baldachin vor dem Portal der Basilika steht. Wie bei den vorausgehenden Eucharistiefeiern wird dann an ihm das Hochamt von allen anwesenden Bischöfen und Priestern gefeiert – begleitet von Chorgesängen, in die das Volk teilweise mit einstimmt.

»Wo zwei oder drei in meinem Namen versammelt sind, da bin ich mitten unter ihnen«[202], spricht der Herr. Es scheint, als ob hier die Gegenwart Hunderttausender, die gekommen sind, den Herrn zu suchen, seine Nähe greifbarer und tiefer erfahren läßt als sonst.

Insbesondere wird die eucharistische Mahlgemeinschaft für viele zu einer lebendigen Christusbegegnung.

Nach der hl. Kommunion folgt die Segnung der Kranken, die unter den Kolonnaden in ihrem Wagen der Eucharistiefeier beiwohnten. Während einer der anwesenden Bischöfe sie gruppenweise mit der Monstranz segnet, betet ein Priester die Anrufungen vor. Der frühere Bischof von Leiria hat sie, dem Geiste Fatimas entsprechend, vorgeschrieben: »Herr, wir lieben dich!« ruft der Vorbeter ins Mikrophon. Wie Donnerrollen klingt es daraufhin als Echo von den Lippen der Hunderttausende: »Herr, wir lieben dich!« Ein zweites und noch ein drittes Mal wird diese Anrufung im Wechsel mit dem Vorbeter voll spürbarer Begeisterung wiederholt: »Herr, wir lieben dich!« Dann erst folgen die anderen Anrufungen: »Heil der Kranken, Mutter der Gnade! Bitte für uns! ...«

Nicht selten geschehen bei der Segnung Heilungen. Doch sind nicht sie das Entscheidende. Bedeutsamer sind der Trost und der Mut, den die Kranken empfangen, und am bedeutungsvollsten sind die unzähligen Gnadenwunder, die sich in und durch Fatima ereignen.

Inzwischen ist die Mittagszeit überschritten, die Stunde der Marienerscheinungen des Jahres 1917 ist da. Sie wird nun zur Stunde einer eindrucksvollen und einzigartigen Glaubenskundgebung.

Die Statue Unserer Lieben Frau von Fatima wird in feierlicher Prozession vom Altar in die Erscheinungskapelle zurückgetragen – begleitet von den Seminaristen, den Standarten und den Bannern der Jugend, von der Ehrengarde, den Priestern und den Bischöfen. Währenddessen singen die Pilger das Abschiedslied, das allerdings nur von der Atmosphäre und dem Erleben jener Stunde richtig verstanden und beurteilt werden kann: »... Von dir nehm' ich jetzt Abschied ... Erhör mich, gute Mutter, laß uns den Kampf bestehn! ... Auf Wiedersehn, Jungfrau! Fatima, ade!« Zugleich winkt alles mit weißen Taschen- oder Kopftüchern dem Gnadenbilde zu.

»Ich blickte mich um«, schreibt Dr. Fischer in seinem genannten Buch, »und glaubte, ein glänzendes Schneefeld zu sehen. Die ganze Mulde, von ihrem tiefsten Punkt, wo wir eben standen, bis hinauf an den

Rand, leuchtete im Sonnenglanz von weißen Tüchern.«[203]

»Von dir nehm' ich jetzt Abschied«, so singt man weiter, »erbarm dich der Verirrten, beschütz sie und errette! ... Auf Wiedersehn, Jungfrau! ...« Und während die Pilger ihr Wiedersehn singen und winken, treten ihnen – Frauen wie Männern, Alten wie Jungen – Tränen in die Augen. Das wiederholt sich immer wieder ausnahmslos bei jeder Wallfahrt.

»So scheid' ich nun, o Jungfrau, tut's mir auch noch so weh ... Lebwohl, ruf' ich und weine. Lieb' Mutter mein, ade! ... Auf Wiederseh'n, Jungfrau! Fatima, ade!«

Als Papst Johannes Paul II. bei seiner Wallfahrt an dieser Verabschiedung der Fatima-Madonna teilnahm, hatte kaum noch einer ein Auge für ihn. »Wie an die Peripherie gedrängt, stand er inmitten der Bischöfe und Kardinäle – abgegrenzt vom Weiß der in Albe konzelebrierenden Priester – vor dem Altar. Die Pilger waren jetzt nur Auge, Ohr und Mund für die Madonna.«[204]

Wenn die Statue an der Erscheinungskapelle angelangt ist, erklingt froh, dankbar und vertrauensvoll aus dem Munde aller Pilger das »Salve, Regina«: »Gegrüßet seist du, Königin, Mutter der Barmherzigkeit ... Wende deine barmherzigen Augen uns zu (schenke der Welt den Frieden).

Und zeige uns (und all unseren Lieben, ja allen Menschen) nach diesem Elend Jesus, die gebenedeite Frucht deines Leibes. O gütige, o milde, o süße Jungfrau Maria!« Mit dieser Bitte schließt, ganz im Sinne der Botschaft, die Wallfahrt nach Fatima.

SIEBENTER TEIL
ANHANG

Bischof Dr. Rudolf Graber / Regensburg, bedeutender Interpret und Förderer der Botschaft von Fatima

Krone der Fatima-Madonna

Links: Fatima-Madonna. Diese Darstellung entspricht nicht jedem Geschmack. Sie ist kein anerkanntes Kunstwerk. Trotzdem hat Gott sich dieses Bildes bedient, um viele Menschen zur Umkehr zu führen und um Unzähligen Kraft, Trost und Hilfe zu schenken. – Eine ähnliche Darstellung, die Pilgermadonna von Fatima, ist in den Jahren nach dem zweiten Weltkrieg von Fatima aus durch die ganze Welt getragen worden. Diese sogenannte Pilgerfahrt Mariens wurde zu einem wahren Triumphzug – selbst in moslemischen Gemeinden. Vielerorts bekehrten sich Menschen beim Anblick dieser Fatima-Madonna, Unzählige fanden wieder den Weg zum Beichtstuhl und damit zu Gott zurück. An den nächtlichen Gebetsstunden, die in der Zeit der Anwesenheit der Pilgermadonna gehalten wurden, beteiligten sich oft Hunderte von Männern. Auch unheilbar Kranke wurden geheilt, als diese Fatima-Statue an ihnen vorbeigetragen wurde. (S. Fonseca, »Maria spricht zur Welt«). – Gott knüpft seine Gnade gern an Dinge und Menschen, die in den Augen der Welt weniger gelten.

Valinhos-Kapelle
Erscheinungsort 19. August 1917

Pressephoto vom 13. 10. 1917
Menschenmenge während des Sonnenwunders

Erste Erscheinungskapelle

Erste Erscheinungskapelle
nach dem Attentat vom 6. März 1922

Jacinta und Francisco,
Elternhaus, Sterbezimmer Franciscos,
Grabstätten in der Basilika

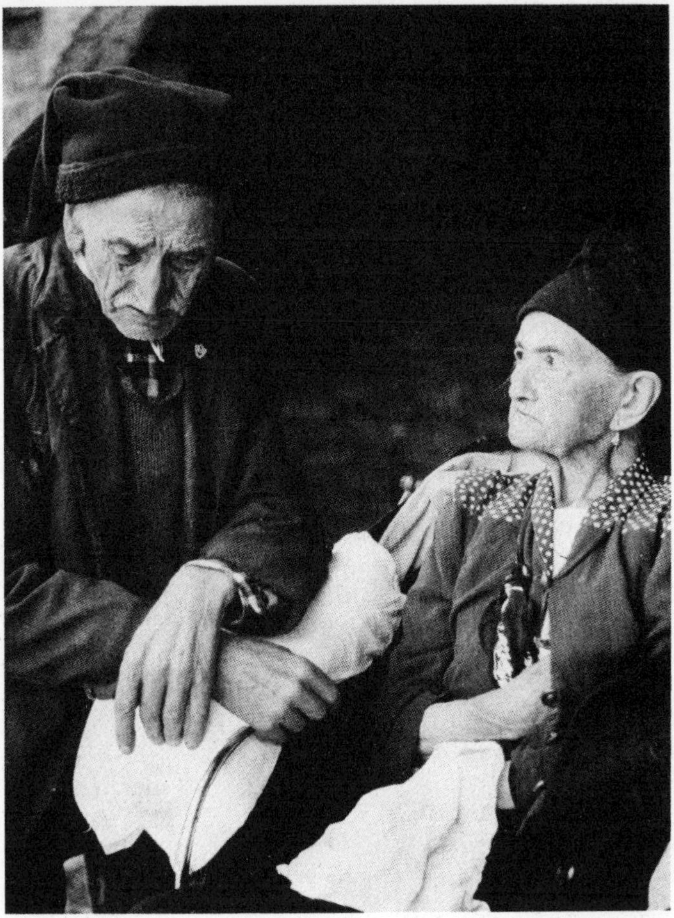

Die Eltern Franciscos und Jacintas

Adressen der im »Fatima-Arbeitskreis« zusammengeschlossenen Gemeinschaften

»Fatima-Freundeskreis«
Bischof der Diözese U. L. Frau von Fatima
Casa Episcopal, Leiria-Fatima, Portugal

»Fatima-Apostolat U. L. Frau
in Deutschland e. V.«
(Blaue Armee Mariens)
Haus Maria Königin
7938 Oberdischingen

in Österreich:
»Fatima Apostolat«
Münzgrabenstraße 61
A-8010 Graz

in der Schweiz:
»Fatima-Sekretariat«
Postfach 90
CH-4024 Basel

»Rosenkranz-Sühnekreuzzug«
Franziskanerplatz 4
A-1010 Wien

»Gebets- und Opferliga zur Seligsprechung für
die Kinder von Fatima«
Pater Luis Kondor SVD, Direktor
Apartado 6
P-2496 Fatima, Portugal

»Fatima-Apostolat des Johannesbundes«
Postfach 40
5458 Leutesdorf

»Herz-Marien-Werk der Claretiner«
Virchowstraße 20
8700 Würzburg

»Bote von Fatima«
Schwarze-Bären-Straße 2
8400 Regensburg

»Fatima-Aktion 77«
Immenried
7964 Kisslegg

Literaturnachweis

Prof. Dr. L. Gonzaga da Fonseca, Maria spricht zur Welt, achtzehnte vermehrte Auflage, Paulusverlag, Freiburg/Schweiz 1982

P. Luis Kondor SVD, Schwester Lucia spricht über Fatima, Erinnerungen der Schwester Lucia, 3. Auflage 1977, Postulação, Fátima/Portugal

P. Dr. Otto Bohr SVD, Rom – Moskau – Fatima, Postulação, Fátima 1977

Icilio Felici, Fatima, 3. Deutsche Auflage, Butzon & Bercker 1967

P. Benno Mikocki OFM, P. Hubert Pauels, Grete Schött, Fatima, »Und es wird Frieden sein, wenn man meine Bitten erfüllt«, Paul Pattloch Verlag, Aschaffenburg 1982

P. Heinrich Herbertz SVD, Fatima, Das Buch für Pilger, Steyler Verlag, Sankt Augustin

Prof. P. Joaquim Maria Alonso, Die Botschaft von Fatima in Pontevedra, Internationales Sekretariat der Blauen Armee Unserer Lieben Frau von Fatima, April 1977

E. G. Jacob, Grundzüge der Geschichte Portugals und seiner Übersee-Provinzen, Wissenschaftliche Buchgesellschaft, Darmstadt 1969

Karl Gutbrod, Portugal, Wege und Irrwege, Seewald Verlag, Stuttgart 1978

Walter G. Armando, Geschichte Portugals, W. Kohlhammer Verlag, Stuttgart–Berlin–Köln–Mainz 1966

Theodor Schieder, Handbuch der Europäischen Geschichte, Band 7/1, Klett-Cotta 1979

Felix von Schroeder, Weltgeschichte der Gegenwart, Band I, Franke Verlag, Bern und München 1962

Akten zur Deutschen Auswärtigen Politik 1918–1945; Aus dem Archiv des Deutschen Auswärtigen Amtes, Band I und Band II

Helmuth Greiner, Kriegstagebuch des Oberkommandos der Wehrmacht, Band I, 1. Aug. 1940–31. Dezember 1941; zusammengestellt und erläutert von Hans-Adolf Jakobsen, (Relevante Notizen: vom 1. 12. 1940–24. 3. 41)

Leo Scheffcyk, Die Botschaft von Fatima in »Betendes Gottes-Volk«, Nr. 133–135

Walter Nigg, Große Heilige, Artemis Verlag, Zürich und München, neunte Auflage 1974

Karl Rahner, Visionen und Prophezeiungen, Tyrolia-Verlag 1952

Anmerkungen

Vorbemerkung:
1. Da Lucia ihre Erinnerungen in aller Eile nur für die Hand des Bischofs geschrieben hat, haften ihnen gelegentliche kleine Stilfehler an, die in »Fatima aktuell« korrigiert sind. Stilveränderungen wurden nicht vorgenommen.
2. Die Stellen des NT sind zitiert nach: Otto Karrer, Verlag Ars Sacra Josef Müller, München 1953

Zeichenerklärung:

L = Schwester Lucia spricht über Fatima, übersetzt aus den portugiesischen Originalschriften von P. Luis Kondor SVD, 3. Auflage, Postulação, Fátima, Portugal 1977

F = Professor Dr. L. G. da Fonseca, Maria spricht zur Welt, 18. Auflage, Paulusverlag, Freiburg/Schweiz 1973

1 L. S. 26; 2 L. S. 19f.; 3 L. S. 60; 4 L. S. 54; 5 L. S. 49; 6 L. S. 48; 7 L. S. 49; 8 L. S. 50; 9 L. S. 50; 10 L. S. 51; 11 L. S. 52f.; 12a Karl Borromäus, aus der Predigt auf seiner letzten Synode, zitiert nach dem Lektionar des Stundenbuches I, 8, S. 274; 12b L. S. 47; 12c Dieser Ausspruch Theresias ist umstritten, da er in keiner Primärquelle zu finden ist. Entweder fußt er auf einer mündlichen Ordenstradition, oder er ist charakter- und sachgerecht erfunden. Daß Theresias Haltung diesem geflügelten Wort entspricht, ist nachweisbar. Vergl. dazu Walter Nigg, Große Heilige, Artemis Verlag, Zürich und München, neunte Auflage 1974, S. 266f. u. 532; 13 L. S. 57; 14 L. S. 142; 15 L. S. 57; 16 L. S. 142; 17 L. S. 57; 18 L. S. 142; 19 L. S. 142; 20 L. S. 142; 21 L. S. 142f.; 22 Vergl. L. S. 143 u. F. S. 128f.; 23 Vergl. F. S. 129 u. L. S. 143; 24 Vergl. F. S. 129, f. u. L. S. 143; 25 L. S. 144; 26a L. S. 117; 26b Vergl. Franz Goldschmidt, Sowjetrußland, Köln 1931, S. 31 sowie

Folton Sheen, Der Kommunismus und das Gewissen der westlichen Welt, Morus-Verlag, Berlin 1950, S. 199f.; 27 Vergl. L.S. 145 u. F.S. 22; 28 Vergl. L.S. 147 u. F.S. 22, f.; 29 F.S. 23; 30 F.S. 24; 31 F.S. 24; 32 Vergl. L.S. 147; 33 L.S. 144; 34 L.S. 144; 35 Lk. 12,37; 36 Jes. 25,6a; 37 F.S. 28; 38 Vergl. F.S. 29; 39 »Mein Weg ist Vertrauen«, Theresia von Lisieux (Zitatensammlung), Rex-Verlag Luzern/München 1977 S. 35;

40 L.S. 63f.; 41 Vergl. L.S. 149, 174 (Fußnote 13) u. 176 sowie F.S. 35; 42 Vergl. L.S. 149 u. F.S. 35; 43 L.S. 149, f.; 44 L.S. 103f.; 45 F.S. 36; 46 Off 12,1–17; 47 Vergl. L.S. 65; 48 Vergl. L.S. 65; 49 Vergl. L.S. 65f.; 50 Vergl. L.S. 66; 51 Vergl. L.S. 121; 52 L.S. 66; 53 L.S. 67; 54 Vergl. F.S. 42, L.S. 151; 55 L.S. 67, f. u. 151; 56 L.S. 151 u. 153; 57 L.S. 100; 58 L.S. 151, 153 u. 155; 59 F.S. 43f.;

60 Röm 5,19; 61 Vergl. Leo Scheffczyk, »Die stellvertretende Sühne Christi«, Betendes Gottes-Volk 1983/3 S. 2, f.; 62 Js 53,5; 63 Kol 1,24; 64 L.S. 155; 65 L.S. 158; 66 L.S. 143; 67 L.S. 29f.; 68 L.S. 72; 68a L.S. 130; 69 Vergl. F.S. 138 u. L.S. 119; 70 Vergl. F.S. 138 u. L.S. 118; 71 L.S. 121f.; 72 »Mein Weg ist Vertrauen und Liebe« (Zitatensammlung) Theresia von Lisieux, Rex-Verlag Luzern/München 1977, S. 40; 73 Mt 9,15; 74a Mt 6,17, f.; 74b Zach 8,19; 75 L.S. 69; 76 F.S. 53; 77 L.S. 33; 78 L.S. 69, f.; 79 L.S. 71f.; 80 Vergl. F.S. 55; 81 F.S. 52; 82 F.S. 52; 83 Vergl. F.S. 57, L.S. 33 u. 122; 84 L.S. 34, f.; 85 L.S. 122; 86 L.S. 34, f.; 87 F.S. 59; 88 L.S. 122; 89 L.S. 72; 90 L.S. 155; 91 L.S. 155; 92 Theresia von Avila, Wohnungen V, 2,10, zitiert nach »Herr, lehre uns beten«, Texte aus ihren Schriften, aus dem Spanischen übersetzt und zusammengestellt, Karmeliterkloster St. Josef, Hauerstein, Pfalz 1982, S. 78; 93 Theresia von Avila, Wohnungen VII, 1,4; ebd. S. 21; 94 Theresia von Avila, Weg 3,6, ebd. S. 21; 95 Ti 2,4; 96 Mt 18,14; 97 Lk 12, 4/5; 98 Mt 16,16; 99 1 Kor 2,9;

100 Mt 11,21; 101 Mt 23,13; 102 Lk 6,24–26; 103 Joh 3,18; 104 Joh 12,48; 105 L.S. 101; 106 L.S. 101, f.; 107 L.S. 65, f.; 108 L.S. 157; 109 F.S. 68; 110 L.S. 36, f.; 111 L.S. 71; 112 L.S. 74; 113a L.S. 70; 113b L.S. 75; 114 L.S. 37, f.; 115 L.S. 158; 116 L.S. 77; 117 L.S. 158; 118 Vergl. L.S. 158 u. F.S. 91; 119 L.S. 158;

120 L.S. 158; 121 F.S. 92; 122 Otto Bohr »Rom-Moskau-Fatima«, Postulação Fátima 1977 S. 37; 123 ebd. S. 41, f.; 124 L.S. 77; 125 Dogmatische Konstitution über die göttliche Offenbarung 1,4, zitiert nach Karl Rahner/Herbert Vorgrimler, Kleines Konzilskompendium, 2. ergänzte Auflage, Herder-Bücherei, 1966, S. 369; 126 S. Th. II. II. q 174 a 6 zitiert nach Leo Scheffczyk »Eine Kurzformel des Glaubens«, Betendes Gottes-Volk 1983/1, S. 6; 127 Karl Rahner, »Visionen und Prophezeiungen«, Tyrolia-Verlag, Innsbruck-Wien-München, 1952, S. 28; 128 ebd. S. 20, f.; 129 ebd. S. 31; 130 ebd. S. 31; 131 ebd. S. 34; 132 F.S. 178; 133 ebd.; 134 ebd.; 135 ebd.; 136 ebd.; 137 ebd.; 138 F.S. 178, f.; 139 F.S. 178;

140 ebd.; 141 ebd.; 142 F.S. 180; 143 ebd.; 144 F.S. 179; 145 L.S. 117; 146 ebd.; 147 ebd.; 148 Röm 8,26; 149 F.S. 162; 150 L.S. 136; 151 L.S. 136, ff.;

152 Vergl. Ilicio Felici, »Fatima«, 3. deutsche Auflage, Missionsschwestern vom heiligen Paulus, Düsseldorf 1967, S. 148, Vergl. auch F. S. 168; 153a L. S. 138; 153b F. S. 169; 153c L. S. 42; 154 L. S. 44; 155 L. S. 44; 156 F. S. 182; 157 Ilicio Felici, »Fatima«, Missionsschwestern vom heiligen Paulus, Düsseldorf 1967, 3. deutsche Auflage, 1967, S. 159, Vergl. auch F. S. 182; 158 Vergl. L. S. 43; 159 Ilicio Felici, »Fatima«, Missionsschwestern vom heiligen Paulus, 3. deutsche Auflage, 1967, S. 159, Vergl. auch F. S. 182;

160 L. S. 19; 161 L. S. 88; 162 L. S. 91; 163 L. S. 93, f.; 164 F. S. 189; 165 F. S. 479; 166 L. S. 113; 167 E. G. Jacob, »Grundzüge der Geschichte Portugals und seiner Übersee-Provinzen«, Wissenschaftliche Buchgesellschaft Darmstadt, 1969, S. 155; 168 ebd. S. 158; 169 F. S. 224; 170 Akten zur Deutschen Auswärtigen Politik 1918–1945; Aus dem Archiv des Deutschen Auswärtigen Amtes, Band II, Dok. 586, 171 ebd. Band II, Dok. 323; 172 P. Benno Mikocki OFM, »Fatima«, Pattloch, Aschaffenburg 1982, S. 34; 173 F. S. 449, f.; 174 P. Benno Mikocki OFM, »Fatima« Pattloch, Aschaffenburg 1982, S. 34; 175 2. Kor 4,8 f., frei zitiert; 176 Karl Gutbrod, »Wege und Irrwege«, Seewald Verlag, Stuttgart, 1978, S. 141;

180 P. Hermann Netter SVD, Fatima-Chronik, Leiria 1970, S. 55, f. Vergl. auch P. Benno Mikocki OFM, »Fatima«, Pattloch, Aschaffenburg 1982, S. 26; 181 L. S. 153; 182 L. S. 176 + 182; 183 L. S. 183; 184 F. S. 196, f.; 185 P. Benno Mikocki OFM, »Fatima«, Pattloch, Aschaffenburg 1982, S. 23; 186 F. S. 197; 187 P. Benno Mickcoki, »Fatima«, Pattloch, Aschaffenburg 1982, S. 23; 188 F. S. 202; 189a P. Benno Mikocki OFM, »Fatima«, Pattloch, Aschaffenburg 1982, S. 75; 189b Friedrich Opitz, Marienweihe, Patris-Verlag Vallendar-Schönstatt 1982, S. 7; 190a Karl Rahner, Gebete des Lebens, Herder, Freiburg–Basel–Wien 1984, S. 8, f.; 190b 4 Kö 5,10; 191 ebd. 5,12; 192 ebd. 5,13; 193 Gn 1,28; 194 Ps 2,7; 195 Mt 25,18; 196 Jh 20,23; 197a Mt 18,18; 197b Mt 20,28; 198 Off 22,5; 199 Eph 5,25;

200a L. S. 37; 200b ebd.; 201 zitiert nach F. S. 242, f.; 202 Mt 18,20; 203 zitiert nach F. S. 249; 204 P. Benno Mikocki OFM, »Fatima«, Pattloch, Aschaffenburg 1982, S. 70.

ORATE-Taschenbücher

Geistl. Rat Friedrich Opitz
Maria rettet
Maria rettet den Papst, das Abendland, die Familie
In diesem Buch gibt Friedrich Opitz an Hand vieler hochinteressanter Beispiele aus der Geschichte und dem Leben ein beredtes Zeugnis dafür ab, wie sich Marienweihe und Marienliebe immer lohnen.
Zweite verbesserte und erweiterte Auflage 1986/88, 208 Seiten, ISBN 3-922054-09-9, Einzelpreis DM 9,80

Geistl. Rat Friedrich Opitz
Auf Maria schauen – Weggeleit ins dritte Jahrtausend

Teil I: **Siehe, deine Mutter** – eine biblische Begründung
1990, 80 Seiten, ISBN 3-922054-14-5,
Einzelpreis DM 5,80

Teil II: **Das Marienbild** – eine gläubige Schau
1991, 130 Seiten. ISBN 3-922054-15-3,
Einzelpreis DM 7,80

Teil III: **Maria und das Gottesvolk** – ein heiliger Bund
Titel in Vorbereitung. ISBN 3-922054-16-1

»**Auf Maria schauen**« (Friedrich Opitz) und »**Reden mit Gott**« (Georg Scharf) – das sind die besten Empfehlungen in unserer heutigen hektischen Zeit für jeden von uns.

Geistl. Rat Friedrich Opitz
Klopfzeichen Gottes. Die Wende im Ostblock
Dieses brisante und aktuelle Buch will helfen, Augen und Ohren für den Ruf und die Weisung Gottes zu öffnen. Erste und zweite Auflage 1992, ISBN 3-922054-17-x, Einzelpreis DM 4,80

Für alle ORATE-Taschenbücher ab drei Stück desselben Titels pro Exemplar DM 0,80 Preisnachlaß, ab 10 Stück aufwärts zusätzlich für jeweils 10 Exemplare ein Freiexemplar.

Theodor Schmitz Verlag · 4400 Münster · Postfach 7245